U0460143

全球视野与杭州实践：
新时代城市形象跨文化传播策略研究

◎ 刘　晶　著

吉林大学出版社

·长春·

图书在版编目（CIP）数据

全球视野与杭州实践 ：新时代城市形象跨文化传播
策略研究 / 刘晶著.— 长春 ：吉林大学出版社，
2023.4
　ISBN 978-7-5768-1598-6

　Ⅰ．①全… Ⅱ．①刘… Ⅲ．①城市—形象—传播—研
究—杭州 Ⅳ．① F299.275.51

　中国国家版本馆 CIP 数据核字（2023）第 065036 号

书　　名：全球视野与杭州实践：新时代城市形象跨文化传播策略研究
　　　　　QUANQIU SHIYE YU HANGZHOU SHIJIAN：XINSHIDAI CHENGSHI
　　　　　XINGXIANG KUAWENHUA CHUANBO CELÜE YANJIU

作　　者：刘　晶
策划编辑：邵宇彤
责任编辑：杨　平
责任校对：杨　宁
装帧设计：优盛文化
出版发行：吉林大学出版社
社　　址：长春市人民大街 4059 号
邮政编码：130021
发行电话：0431-89580028/29/21
网　　址：http://www.jlup.com.cn
电子邮箱：jldxcbs@sina.com
印　　刷：三河市华晨印务有限公司
成品尺寸：170mm×240mm　　16 开
印　　张：10.75
字　　数：200 千字
版　　次：2023 年 4 月第 1 版
印　　次：2023 年 4 月第 1 次
书　　号：ISBN 978-7-5768-1598-6
定　　价：68.00 元

版权所有　　翻印必究

前　言

　　随着我国经济与科技的稳步崛起，国内城市的软硬实力和国际影响力正在不断提升。在推进中国文化"走出去"的时代大背景下，城市形象的对外传播已快速上升为当前城市研究的热点。从概念来看，城市形象指的是人们对某一城市的信念、观念和印象的总和，城市形象不仅是城市竞争力的重要体现，更是国家整体形象的重要组成部分。树立和传播良好的城市国际形象，是提高中国城市品牌的国际影响力、向世界再现中华文化魅力和活力的重要途径之一，尤其在当前的后疫情时代，对于提升中国整体国际形象具有重要的现实意义。

　　近年来，我国城市国际化进程推进成效显著，国内新兴城市日益引起全球瞩目。杭州作为打造"美丽中国"的样本城市，其城市国际形象的生成与演进对我国众多城市有着重要的启示意义。事实上，随着近几年各项大型国际会议和国际性赛事在杭州组织和举办，杭州在城市设施、城市环境和公共服务等多方面都已实现了质的飞跃，不仅荣获了"2016 年世界上 52 个最值得到访的旅游目的地""2017 年全球 15 个旅游最佳实践样本城市"等多项国际荣誉，自 2010 年起连续 11 年入选"外籍人才眼中最具吸引力的十大城市"榜单。在 2018 年全球化与世界级城市研究小组与网络（globalization and world cities study group and network，GaWC）的世界城市排名中，已经跻身"万亿级"新一线城市的杭州成功地由 2010 年的"高度自足"的城市阵列（high sufficiency city）跃迁至世界级二线城市的第一阵列（Beta+），与奥克兰、哥本哈根、温哥华、亚特兰大等世界知名城市共居同一队列，成为引人瞩目的新兴全球城市。2022 年，杭州成功入选"中国国际传播综合影响力先锋城市"。因而，本书以杭州作为从"国内走向世界、讲好中国故事"的样本城市，基于多学科视角，综合城市营销、跨文化传播、城市管理学、心理学等学科理论资源，立足杭州近年来的对外传播实践，对全球化视野下城市形象的跨文化传播策略进行研究和探索。

1

本书首先通过语料库分析、问卷调查与深度访谈等方法，对杭州国际形象的自我形塑、海外多国主流媒体的杭城媒介再现、外籍人士对杭城形象的跨文化认知三个方面进行了深入考察；其次，经由 NVivo 11 和三级编码，对外籍人士的杭城形象跨文化认知图景的形成原因和机理进行了更深一步的挖掘；最后，基于"态度、知识、技能"的框架，对如何有效提高城市形象跨文化传播力，实现跨文化认同进行了进一步的讨论和分析。

研究发现，城市对外传播实践中，跨文化"对话"理性的缺乏是导致文化误读和认知偏差等传播障碍存在的重要原因。对于国际公众而言，信息的"可及"并不意味着接受或认同，文化的鸿沟仍然亟须跨越。本书认为，相较于过去在"传者视角"和"受者视角"之间的摇摆和博弈，从传统的单向型外宣模式转向"我—你"双向视角的"对话型"跨文化传播模式，是提升城市跨文化传播力的更为适宜的方式，而"传—受"关系也由此转向双主体的"对话者"关系。在城市形象的跨文化传播实践中，文化互动不仅发生在文化符码域的表层结构中，还发生在价值观体系等文化深层结构中；跨文化传播主体需要基于平等、互相尊重的立场，在跨文化对话间性空间中，通过寻找双方文化图式的对接点，借由多层次策略路径，构建跨文化"沟通共同体"，实现跨文化认同和对话，而"平衡"及"顺应"是贯穿整个对话传播过程的原则。

本书抛砖引玉，希望能够吸引更多的学界同人参与类似的研究，共同从新闻传播学的角度，为在理论和实践层面有效推进中国城市在世界舞台"讲好中国故事，传播好中国声音"做出学术贡献。

刘　晶

目 录

第一章 绪 论

第一节 研究背景

一、研究缘起

在新全球化即将到来的时代背景下，城市日益成为国家之间竞争的重要战场。现代城市在人才、资金、市场等维度的核心竞争力源自城市品牌的竞争力，而城市形象是城市品牌的外在体现和重要组成部分。良好的城市形象需要科学和有效的传播，"城市形象只有通过传播才能产生价值，且只有通过传播设计，才能产生'有价值的价值'"[①]。在中国文化"走出去"和"一带一路"建设的背景下，如何有效提升城市的跨文化传播能力，树立良好的城市国际形象，是提高中国城市品牌的国际影响力，向世界再现东方文化的魅力和活力的重要途径之一，对于提升中国国际形象具有重要的现实意义。

早在20世纪，我国上海、北京等城市就率先提出了建设"国际化城市"的目标。20世纪90年代，随着我国对外开放事业的稳步推进，海口、广州、大连、宁波和厦门等7个城市提出国际化建设的目标，迎来了我国国际化城市建设的第一个高潮。21世纪以来，全球城市之间的竞争日趋激烈，国内一些城市也卷起了"国际风"。2010年复旦大学与相关城市研究机构的调研显示，"中国目前有655个城市在有计划、有步骤地走向世界，200多个地级市中有183

[①] 罗小龙，韦雪霁，张京祥.中国城市国际化的历程、特征与展望[J].规划师，2011，27（2）：38-41,52.

个提出建立'现代化国际大都市'"①。随着城市建设的飞速发展和经济实力的提升，越来越多的国内城市开始重视在城市国际形象建构中的资金、人力等方面的投入。随着 2008 年奥运会、2010 年上海世博会、2016 年 G20 杭州峰会（二十国集团杭州峰会）等大型国际活动在中国城市的成功举办，中国城市逐渐开始在世界舞台上绽放出令人瞩目的光彩。

2012 年中国社会科学院发布的《全球城市竞争力报告》的数据显示，全球 500 个城市中，中国城市的排名相较过去虽有微弱上升，但内地城市仅有上海、北京和深圳跻身世界百强，其中北京的综合竞争力排在了第 55 位。②2017 年，我国经济总量超万亿元的城市已增至 14 个，分别为北京、天津、重庆、上海、深圳、广州、杭州、苏州、武汉、成都、南京、青岛、长沙和无锡。然而，很多城市的国际形象及其国际影响力与其飞速发展的文化、经济、科技等软硬实力并未匹配，城市形象的国际传播仍然还有相当大的提升空间。如何有效提高城市形象的跨文化传播力，增强外籍人士的跨文化认同，是当前我国城市国际化进程中正在面临的一个现实性挑战。

杭州，在国内城市对外传播实践上具有典型的样本意义。杭州作为最早在境外新媒体平台进行形象推广的城市，如今已经大步迈入了我国城市国际化建设的最前队列。实际上，随着近几年各项国际化会议和国际性赛事相继在杭州组织和举办，杭州在城市设施、城市环境和公共服务等方面都已实现了质的飞跃。2016 年，杭州成功承办 G20 峰会之后，杭州的国际知名度和城市发展水平已经踏上新台阶。近年来，杭州不仅荣获了"2016 年世界上 52 个最值得到访的旅游目的地""2017 年全球 15 个旅游最佳实践样本城市"等多项国际荣誉，还自 2010 年起连续 11 年入选"外籍人才眼中最具吸引力的十大城市"榜单。另外，杭州也是最早在境外 Facebook、Twitter、Instagram、YouTube、Pinterest 等国际主流新媒体平台开通官方账号进行对外传播的中国城市之一。2018 年 1 月，《中共杭州市委关于高举习近平新时代中国特色社会主义思想伟大旗帜 加快建设独特韵味别样精彩世界名城的意见》中提出要加速推进城市国际化进程。其城市形象国际化传播实践及经验，对我国众多城市有着重要的启示意义。

---

① 王冲.外报：中国多城争国际化口号成官员护身符 [EB/OL].(2010-07-15)[2010-07-15]. http://www.chinanews.com/hb/2010/07-15/2403585.shtml.

② 温蕾.全球城市竞争力北京晋升第 55 名 [EB/OL].(2012-06-29)[2013-08-16].https://www.bjnews.com.cn/detail/155145047714705.html.

二、研究意义

第一，理论意义。城市问题一直以来都是国内学界的研究热点，但回顾既有文献，更多是从城市规划、城市品牌营销、城市社会学等角度进行城市相关研究，传播学领域中对城市形象的研究起步较晚。有学者在对相关论文进行统计后，发现在现有的城市形象研究中，"传播视角的缺失十分明显"[①]，而城市形象的对外传播研究更为缺乏。通过在中国知网搜索关键词"城市形象""传播"，我们可以发现，与城市形象传播相关的研究论文最早出现在1997年，但是直到2010年，其论文数量还是很少，平均每年只有15篇。近十年来城市形象研究虽然发展势头较快，但从总体上讲，新闻传播类各核心期刊上与城市形象有关的论文比例较小，论文数量相对较少，且尚未形成较为完备的框架与体系。当前的城市传播研究领域尤其需要来自不同学科的、跨学科的学术视角来丰富其理论研究，使城市传播研究领域更具学术生命力。总而言之，在全球化城市竞争加剧的时代背景下，城市形象对外传播研究的紧迫性和重要性逐渐凸显出来。

本书首先明确了城市形象对外传播实践的本质，即跨文化传播活动，其次基于杭州对外传播经验，对城市形象跨文化传播进行了多维度的研究和探索。书中重点针对外籍人士城市形象跨文化认知形成的影响因素，进行了由下到上的理论探索，并对城市形象跨文化传播能力模式和提升策略进行了分析讨论，对推进国内城市形象对外传播研究有一定的理论意义。

第二，现实意义。在我国城市的对外传播实践当中，因为在语言、历史、信仰和价值观等方面存在差异，刻板印象、文化误读和文化折扣等问题常常成为跨文化沟通的阻碍，尤其是在面向的国际受众具有差异较大的异质文化背景时。由于他们拥有比较稳定的先在性文化图式（cultural schema），因而会对我们的传播文本产生不同于传播主体所预期的理解和认知偏差，从而使交往主体双方难以形成视域融合。2017年北京师范大学的大型跨国调查显示，接近80%的国外受访者对于中国文化的整体认知水平处于初级阶段，认识或者了解的中国文化符号相对较少，因为"深厚的文化底蕴使得中国文化独具魅力的同

---

① 杨旭明. 城市形象研究：路径、理论及其动向 [J]. 西南民族大学学报：（人文社会科学版），2013，34(3)：159-163.

时，巨大的文化差异也成为国外民众认知中国文化过程中的巨大障碍"①。

在当前城市形象海外传播的实践中，城市跨文化传播能力的缺乏已经成为比较常见的问题，同时以下城市传播问题也日渐凸显：一是以"独白"型内宣模式进行说服性对外宣传，既没有接轨国际话语体系，也缺乏对国际语境的体认，因而出现传播理念宣传化、传播视角"自我化"的问题，对文化间互动关注不够；二是在城市形象的跨文化传播实践中，缺乏跨文化敏感度和跨文化叙事能力，对境外受众的文化差异缺乏关注，更缺乏根据不同受众文化背景采取适当的策略、构建跨文化认同的传播范式，当前整齐划一的对外传播战略已经无法满足国外受众的需求。

总而言之，本研究围绕杭州近年来的城市形象对外传播实践，着重探讨了拥有不同异质文化的国际受众对杭州城市形象是否存在认知偏差或文化误读，这些认知偏差如何不同、因何不同，以及如何解决这种不同所导致的文化折扣和跨文化传播障碍。通过何种路径和方法可以有效跨越文化的鸿沟，解决以往跨文化传播实践中"传而不通，通而不受"的难题？同时，在尊重多元文化差异的基础上，尝试通过文化、话语、叙事等多个维度的策略，探索构建跨文化"沟通共同体"的有效路径，最终实现平等、和谐的文化间对话，这对我国的城市形象对外传播研究具有一定的现实观照意义。

三、本书创新之处

一是视角上的创新，从单向的"自塑"或"他塑"视角，转向更为注重主体间性的双向主体视角，将单向度的城市形象对外传播作为多元文化主体间的文化互动、文化对话来研究和探索。

二是研究方法的创新，目前国内既有的城市形象对外传播研究文献主要以思辨型论文为主，尚未发现有人采用深度访谈方法对其跨文化认知图景的形成进行更深入的挖掘和分析。此外，本研究还采用了问卷调查及语料库分析的方法，以期弥补现有研究中经验性描述多、实证范式缺乏的现状。

三是在跨文化传播视域中，将研究对象从欧美受众扩展到更多其他国家的受众，并对国际受众的杭州形象感知和认同进行更深一步的对比和分析。

四是将研究落脚于实地调研的新材料、新数据，并从下至上探索性地建

---

① 杨越明，藤依舒．十国民众对中国文化符号的认知与偏好研究——《外国人对中国文化认知与意愿》年度大型跨国调查系列报告之一 [J]．对外传播，2017(4)：36-38.

构了跨文化认知影响因素的作用模式，进而探讨了城市形象跨文化传播力的提升策略和路径，对现有的城市形象对外传播研究有一定的理论意义和现实意义。

此外，本次调研中除了有美国、日本等以往对外宣传的重点对象国，还纳入了波兰、罗马尼亚、摩洛哥、韩国、印度尼西亚、埃及等国，为研究提供了新的亮点。

第二节　文献回顾

在漫长的城市发展过程中，人类从最初学习如何规划和建造城市，到从美学视角来审视城市如何美化的问题，再到"芝加哥学派"和"新城市社会学派"对城市化运动和各种城市问题的社会学思考，最后到城市品牌的构建与营销，人们一直在不断反思自身与城市的关系。无论在西方还是在中国，当前关于城市规划、城市社会学、城市品牌设计和营销、城市文化研究、城市管理学等多个学科的城市研究都已经较为成熟，但城市形象对外传播研究还处于方兴未艾的探索阶段。

一、城市形象建构与传播研究

（一）西方城市形象研究溯源

在国外的相关研究中，关于城市形象建构与传播的主题，最早可以追溯到古希腊、古罗马时期，早期的城市形象研究是与城市规划、建筑美学、城市设计艺术和城市景观理论紧密相连的。随着西方工业化的发展，城市化进程加快，许多大城市不可避免地衍生出"城市病"，环境污染严重、人口拥挤不堪等社会问题比比皆是，不少优秀的学者开始有意识地关注城市的格局规划、功能设计以及形象定位。西方早期的相关研究主要围绕以下两个主题展开。

一是城市建设的规划和城市问题的反思。20世纪60年代，美国学者凯文·林奇（Kevin Lynch）开创了一种认知新视角，最先提出了城市形象的概念，并将城市形象的内涵从物质层面扩展到社会和文化层面。他的 *The Image of the clty*（《城市的印象》，还被译为《城市意象》和《城市形态》），被认为是地区形象研究的早期标志性文献。凯文·林奇认为，"任何一个城市都有一种公众印象，它是许多个人印象的叠合，或者有一系列的个人印象，每个印象都是一定数量的市民所共同拥有的"[①]。凯文·林奇提出了城市的"可印象性"和"可识别性"等概念，创造性地阐释了居民与城市之间构成印象的双向互动过程。[②]1961 年，加拿大学者简·雅各布斯（Jane Jacobs）出版了城市研究和城市规划领域的经典之作《美国大城市的死与生》，对当时的城市问题以及城市与人之间的关系进行了深刻的反思，提出了"城市活力理论"等观点，强调建设多样化城市的重要性，并为评估城市的活力提供了一个基本框架，成为美国城市规划转向的重要标志。[③] 在这一时期，还涌现了一批以刘易斯·芒福德（Lewis Mumford）为代表的"人本主义城市规划理论家"。刘易斯·芒福德的代表作《城市发展史：起源、演变和前景》从人文的视角对城市的本质、起源和发展进行了深刻的阐述。[④]

二是地区形象和城市品牌营销理论的研究。城市形象的研究发端于美国，20 世纪 70 年代，美国学者亨特（Hunt）开创了从旅游视角研究城市形象的先河，他的博士论文《形象：旅游发展的一个因素》探讨了地区形象对旅游目的地开发的意义。[⑤]20 世纪 90 年代以后，学者们对城市形象的研究越来越多地集中于城市营销或地点营销。2008 年，美国著名学者菲利普·科特勒（Philip Kotler）在其著作《地方营销》一书中开创式地建构了地方营销的概念体系和理论基础，并就地方形象的营销战略进行了研究。此后，在《亚洲地点营销》一文中，科特勒进一步集中分析了地点形象营销的相关案例，提出可通过地点形象的可营销性分析来开展其战略形象管理，充分赋予了形象管理在地点营销中的战略地位。[⑥]2010 年，西蒙·安浩（Simon Anholt）在其著作《铸造国家、城市和地区的品牌：竞争优势识别系统》中提出了"竞争优势识别系统"

① 林奇.城市的印象 [M].项秉仁，译.北京：中国建筑工业出版社，1990：41.

② 林奇.城市的印象 [M].项秉仁，译.北京：中国建筑工业出版社，1990：2-8.

③ 雅各布斯.美国大城市的死与生 [M].金衡山，译.南京：译林出版社，2006:155.

④ 芒福德.城市发展史：起源、演变和前景 [M].宋俊岭，倪文彦，译.北京：中国建筑工业出版社，2004:100.

⑤ HUNT J D. Image：a factor in tourism [D]. Colorado：Colorado State University，1971.

⑥ 科特勒.亚洲地点营销 [J].新经济杂志，2003(Z1)：80-82.

理论，认为商业品牌传播理论和技术对国家形象、地区形象的建构和传播有重要的借鉴意义。[①]

此外，威特（Waitt）提出城市营销者可以充分利用体育盛会、商品交易会、文化节日等特殊时间来进行城市营销活动，而城市营销与城市的意识形态具有密切的关联。[②]在威特的研究的基础上，戈特姆（Gotham）提出城市营销品牌化的理念，指出营销城市的目的是强化城市的正面形象，而通过举办庆典活动可以增加城市的文化影响力。[③]

总而言之，从埃比尼泽·霍华德（Ebenezer Howard）对"田园城市"的讨论，到以芝加哥博览会为起点蔓延至欧美众多城市的"城市美化运动"，从简·雅各布斯等学者对城市化进程中人与城关系的反思，到近几十年来学者们对城市品牌建构和地区形象营销的研究，人类对理想的人城关系和城市形象的探索从未停止。如今，对城市形象的研究已经从单一的学科走向多元学科视角结合的理论体系，涉及城市景观学、城市规划学、空间美学、城市社会学、品牌营销学等多种学科，视角也越来越广阔。

（二）我国城市形象研究发展现状

中国对城市形象的研究，较早可以追溯到春秋时期的《周礼·考工记》中对古代都城格局的规划和设计。近代以后，西方城市规划思想传入中国，城市景观设计的理论与实践逐渐在中国出现。20世纪40年代，在商务印书馆出版的《都市计划学》一书中，就提到有关"城市美观"的内容。自中华人民共和国成立到20世纪80年代中后期，国内有关城市形象的研究主要还是集中于城市格局、建筑规划与环境的艺术设计等维度。20世纪90年代以后，随着国内经济发展和城市化进程加快，人们对日常居住环境和城市生活品质日益重视，对城市化进程中衍生出来的基础设施落后、交通阻塞、空气污染、水污染等种种"城市病"开始给予越来越多的关注，国内城市形象的研究应时兴起，不少学者开始借助西方的城市规划与设计、企业形象设计、城市营销等理论，结合国内城市实践进行本土化的研究探索。21世纪以来，城市形象的研究内容和

---

① 安浩.铸造国家、城市和地区的品牌：竞争优势识别系统[M].葛岩，卢嘉杰，何俊涛，译.上海：上海交通大学出版社，2009：69.

② WAITT G. Playing games with Sydney：marketing Sydney for the 2000 olympics[J]. Urban studies, 1999, 36(7)：1055-1077.

③ GOTHAM K F. Marketing mardi gras：commodification, spectacle and the political economy of tourism in New Orleans[J]. Urban studies, 2002, 39(10)：1735-1756.

理论版图从最初的城市形象的设计与规划、环境美学，逐渐扩展至城市社会学、文化地理学、品牌营销学，以及城市形象的塑造与传播等维度。近十年来城市形象相关研究角度越来越丰富，研究方向逐渐细化。从总体来看，研究主题主要有三类：城市形象的规划设计和城市品牌营销、城市形象的文化想象与文本再现、城市形象传播的研究。

一是城市形象的规划设计与城市品牌营销。目前，该主题的相关研究论著比较丰富，如学者张鸿雁的《城市形象与城市文化资本论：中外城市形象比较的社会学研究》、钱智的《城市形象设计》、郑宏的《通向 2008 年的北京形象工程：城市形象艺术设计》、孟建与宋伟的《城市形象与软实力：宁波市形象战略研究》等。纵观该路径的研究，多是从城市规划与设计者的角度出发，明确了城市形象（包括城市的实体形象和认知形象）对提高城市核心竞争力的重要意义，并通过对现实中的城市进行定位、规划和形象设计，尝试解决我国城市化过程中出现的各种弊病。例如，张鸿雁在《论城市形象建设与城市品牌战略创新：南京城市综合竞争力的品牌战略研究》中提出了城市文化资本运作和城市新行为文化主义的概念，认为城市形象是城市的资源和资产，并从城市品牌和"城市文化资本"运作的角度构建城市核心竞争力，这是促进城市可持续发展的关键所在。[①] 樊传果的《城市品牌形象的整合传播策略》从城市品牌形象定位、信息传播策略的拟订、各种传播手段的整合运用等方面详细论述了城市品牌形象的整合传播策略。[②] 黄志华在《论城市 CIS 在打造城市品牌形象中的作用》中概述了城市 CIS 的定义、内涵及设计特点，论述了城市 CIS 对塑造良好的城市外在形象、改善城市的投资环境、营造良好的城市空间和文化形态、扩大城市的对外影响、挖掘和重塑城市文化等方面所具有的功能。[③]

国内城市形象营销研究的理论原点，源自西方城市理论中城市即地点和产品的概念。纵观此类研究，学者们多从品牌营销的理念出发来助力现实中国城市的城市形象营销和品牌化运作，并通过市场经营的角度，对城市品牌的战略设计和品牌价值建构起到了较大的推动作用。同时，这类研究对北京、上海、南京等单个城市的经验性研究较多，对城市形象营销效果的实证研究相对缺乏，且对媒体在城市形象营销过程中的作用不够重视。此外，在城市形象的

---

① 张鸿雁.论城市形象建设与城市品牌战略创新——南京城市综合竞争力的品牌战略研究 [J]. 南京社会科学，2002(S1)：327-338.

② 樊传果.城市品牌形象的整合传播策略 [J]. 当代传播，2006(5)：58-60.

③ 黄志华.论城市 CIS 在打造城市品牌形象中的作用 [J]. 包装工程，2009，30(6)：134-136.

概念及内涵界定、城市形象优劣评估的指标体系确定上"主观性相对较强，缺乏公众和媒体的视角；城市景观形象背后的隐性因素的研究更是少见"[①]。

　　二是城市形象的文化想象与文本再现。自 20 世纪 90 年代后期以来，我国城市化发展进入了高速发展阶段，城市人口大规模集中的同时，城市景观快速更新，城市文化形象日益鲜明。不少学者将城市视作"文化实践的空间"和"文化文本"，从对城市的实体形象的定位、格局规划和建筑设计等方面进行探究，转向对城市形象的文化想象、媒介再现、主观认知认同等虚拟性元素进行探究。实际上，卡尔·奥特温·索尔（Carl Ortwin Sauer）和迈克·克朗（Mike Crang）等文化地理学者早已开始改变研究视角，在他们眼中，城市空间中各种意识形态和隐性权力关系受到关注，城市既是物理空间，也被视作文化实践空间和可以后天阐释的景观"文本"。由此得以将城市形象"从传统的自然实在世界、客观实在世界或实像和原像世界，推进到文化再现世界或主观实在世界"或符号、造像、媒像和形像的世界"[②]。

　　例如，曾一果在《想象城市：中国当代文学与媒介中的"城市"》中，借助 1978 年改革开放以来的报纸、电视剧、电影等文本材料，对大众媒介中所呈现的各种各样的"城市形象"进行分析研判，为理解和呈现城市形象提供了一个新的视角。陈晓云在《城市空间的多重言说：当代中国城市电影的视觉建构与文化想象》中分析了近年中国电影中城市的影像构成和视觉形态，认为与城市相关的各种不同类型的文本，如印刷文本、图像文本、声音文本、影像文本、网络文本等共同建构了城市空间，而地理空间、媒介空间、装置空间等多重空间的繁复交叉，形成了对于城市空间的多种言说。[③]黄玉蓉则通过对近 30 年来深圳作家塑造出的改革之都、欲望都市、沧桑都市、活力之都等各类深圳形象的文学符码的分析，认为多元化的深圳叙事整合出一个真实全面的深圳形象，在构建和传播深圳城市形象过程中发挥了独特作用。[④]在这一类主题的研究当中，关于北京、深圳、重庆等单个城市的文本再现和文化阐释的文章比较丰富。

　　三是城市形象传播的研究。传播学领域中对城市形象传播的研究起步较

①杨旭明.城市形象研究：路径、理论及其动向 [J].西南民族大学学报（人文社会科学版），2013，34（3）：159-163.

②李蕾蕾.从新文化地理学重构人文地理学的研究框架 [J].地理研究，2004(1)：125-134.

③陈晓云.城市空间的多重言说——当代中国城市电影的视觉建构与文化想象 [J].当代电影，2009(6)：40-44.

④黄玉蓉.深圳叙事及其城市形象 [J].深圳大学学报（人文社会科学版），2007(4)：103-105.

晚，有学者在对相关论文进行统计后，发现在现有的城市形象研究中，传播视角的缺失现象比较明显。随着网络媒体的普及和新媒体时代的到来，关于城市形象传播的研究逐渐增多。在目前城市形象传播的研究当中，从"传者视角"出发的研究较多，从"受众视角"出发的研究相对比较缺乏；思辨型研究较多，实证研究相对缺乏；同质文化内传播研究较多，异质文化间的跨文化传播研究比较缺乏。总而言之，整体研究主要有以下两种主题倾向。

一种是关于大众媒介与城市形象的交互关系，及其对城市形象传播实践重要影响的研究。杨洸、陈怀林针对媒介接触对本地城市形象的影响进行了受众抽样调查，以量化分析的方法探索了大众传播对城市形象的影响，发现在多元化传媒信息体系中，本地媒体仍然是当地市民了解本地主要信息的渠道，而在人们的城市形象观念形成时，"媒体内容的关注度"和"媒体的可信度"是比"媒体使用时间"更具影响力的变量。[1] 韩隽通过对城市形象传播中的传媒角色与路径的研究发现，当代媒介在城市形象传播中的强大功能不可替代，认为媒体应发掘城市精神，建构城市主体文化，对内让公众形成文化归属意识，对外形成良好的声誉。[2] 杜丹则以苏州为个案，通过对优酷网中的相关（User Generated Content，UGC，指用户原创内容）视频及网友评论文本展开分析，认为在网络社交平台上 UGC 视频的制作是市民的影像再生产，也是广大市民自发性参与城市形象塑造的一种文化实践，这些话语表达重塑了城市的形象，与官方生产的主流话语文本等形成呼应。[3]

另一种是对城市形象、城市品牌的建构及传播策略探讨的研究。何国平认为，城市形象传播的普遍范式，即利用自塑与他塑的传播与建构合力，在城市的定位与自身形象元素之间寻找最优方案，并提出可作为城市形象传播框架的金字塔结构模型，认为其包括利益相关者策略、大众传媒策略、城市营销策略和文化策略，指出"城市形象传播必须充分认识到他者认同和自我认同的同一性与对抗性、建构性与解构性矛盾，充分利用'自塑'与'他塑'、'塑形'与'矫形'、'自传'与'他传'的博弈与共谋所释放的正面、积极的传播效

① 杨洸，陈怀林.传媒接触对本地城市形象的影响——珠海受众调查结果分析 [J].新闻与传播研究，2005(3)：66-75，95.

② 韩隽.城市形象传播：传媒角色与路径 [J].人文杂志，2007(2)：192-193.

③ 杜丹.镜像苏州：市民参与和话语重构——对 UGC 视频和网友评论的文本分析 [J].新闻与传播研究，2016，23（8）：88-108，128.

能"①。朱鸿军、王玉玮通过对电视剧的城市形象传播与城市软实力之间关系的研究，提出城市主题电视剧、影视基地以及影视节庆活动等元素有助于城市形象的传播与城市文化竞争力的提升，但也需要反映现实，避免对城市景观的过度描摹或丧失城市个性等情况的发生。②莫智勇认为，我国正处于城市化进程加速与社会转型时期，国内城市形象传播中存在着定位不准、缺乏文化个性、传播形式缺乏创新、社会大众参与度低、市场化运作程度不高等问题，在当前媒介融合与全传播的现实环境下，受众定位传播、城市形象信息精准传播、多层次传播、互动传播、体验式传播等策略形式与手段，是提升城市形象传播力的重要路径。③

二、城市形象对外传播研究

在信息化、新全球化的时代背景下，一个城市的对外传播能力已经成为评估其"软实力"的重要指标。我国城市形象的对外传播研究目前虽然仍处于探索阶段，现有文献数量较少，但却对我国城市的对外传播实践有着重要的现实意义。当前城市形象对外传播的相关文献可分成两类。

一类文献是从传播者的视角出发，以北京、南京、上海、广州等单个城市作为个案，对其城市形象的跨文化传播实践进行分析，反思既存问题，探寻新的传播策略和思路。例如，章伟良对杭州当前城市国际化进程的外宣环境、品牌战略和传播格局进行了分析，认为杭州目前仍然存在资源集聚化力度不够、外宣产品国际化程度不高、外宣队伍专业化水平不足等问题，并有针对性地提出了整合资源建设全方位、多层次、宽领域的大外宣格局，外宣内容接轨国际市场，优化服务环境，在文化交流活动"请进来""走出去"上加大力度等对策。④杨凯以广州电视台英语频道为例，探讨了地方英语电视媒体在城市形象对外传播实践中的现状和不足，发现受众定位较宽泛、自制节目比例较

---

① 何国平.城市形象传播：框架与策略 [J].现代传播（中国传媒大学学报），2010(8)：13-17.

② 朱鸿军，王玉玮.电视剧的城市形象传播与文化软实力竞争 [J].江苏大学学报（社会科学版），2010，12（1）：11-15.

③ 莫智勇.创意新媒体文化背景下城市形象传播策略研究 [J].暨南学报（哲学社会科学版），2013，35（7）：148-154.

④ 章伟良.杭州城市国际化进程中对外传播格局的构建 [J].对外传播，2015(11)：71-72.

低、传播观念和技巧陈旧简单、市场化程度较低等既存问题，并给出了相应的建议。[1]

另一类文献是从海外媒介再现或国际受众的视角出发，探讨相关城市国际形象传播的效果。杨凯是较早针对城市形象的对外传播采用量化研究方法的学者，他针对外国人对广州城市印象及媒介使用习惯进行量化分析，探讨和总结城市形象对外传播的规律及路径，并在《城市形象对外传播效果评估体系的构建》一文中建议对城市形象对外传播的效果建立一套科学的评估体系。[2]曹永荣等学者在国内外相关文献的基础上探讨了外籍人士对上海综合印象的评价体系，并采用以机场调研为基础的配额抽样法回收问卷，分析了外籍人士对上海的真实认知情况。[3]薛可、栾萌飞对《纽约时报》和《中国日报》在2007—2016年中对上海报道的次数、内容及倾向进行分析，并基于中外新闻话语框架对比来进行上海国际形象研究。[4]第二类文献主要出现在近期，在"加强国际传播能力建设，讲好中国故事"的时代背景下，城市形象对外传播研究的数量正在逐渐增多，但总量仍然较少，研究上开始纳入量化研究方法进行实证分析，但是从多元理论视角进行的研究仍然比较缺乏，从传、受者两方进行双向度对比的研究更少。

纵观国内现有的城市形象对外传播文献，目前仍处在方兴未艾的探索阶段，主要呈现以下几个特征：其一，针对城市形象对外传播的文献数量有限，且多是将目光局限在美国、英国等重点外宣国家受众身上，缺乏更广阔的全球化视野；其二，在已有的关于城市形象对外传播效果的文献中，往往通过问卷调查的方法，针对特定城市的外籍人士对当地城市形象的综合性感知进行统计与分析，而对外籍人士的异质文化背景没有给予足够的重视，也没有就其背后的认知偏差进行更深的追问，同时缺乏对城市形象对外传播实践中文化主体间性的关注。

① 杨凯.英语频道在城市形象传播中的作用及路径——以广州电视台英语频道为例 [J].新闻爱好者，2010(4)：74-75.

② 杨凯.城市形象对外传播效果评估体系的构建 [J].东南传播，2010(8)：46-47.

③ 曹永荣，韩瑞霞，徐剑，等.基于因子分析的国际人士眼中的上海城市印象满意度架构 [J].上海交通大学学报（哲学社会科学版），2012，20（1）：51-57.

④ 薛可，栾萌飞.中美新闻框架下的上海形象建构——基于《纽约时报》与《中国日报》的对比研究 (2007—2016)[J].新闻记者，2017(3)：63-70.

三、杭州城市形象研究概况

作为国内的历史文化名城和新一线城市，杭州近年在城市形象建设及形象传播上的成绩比较瞩目，但对杭州城市形象的研究目前尚在探索阶段，主要呈现以下几个特点：

一是对杭州城市形象的研究虽然起步较早，但研究进程相对缓慢。较早的研究出现于 20 世纪 90 年代，如 1999 年杨嘉镕等人撰写的《杭州城市形象研究报告》①；其后，直到 2016 年，文献数量开始显著增加。在中国知网上检索"杭州"和"城市形象"等关键词，可以发现，截至 2022 年年底，研究成果总量为 129 篇，2016 年至 2022 年平均每年 12 ～ 13 篇，相比北京、上海等城市，杭州关于城市形象的文献数量较少，且研究进程缓慢。

二是研究的学科视角日趋多元，从最初单纯地围绕杭州作为"人间天堂""世界休闲之都"的城市形象定位和规划、城市识别系统 CI（corporate identity）的设计、节事活动对城市形象的影响等展开，逐渐延伸到城市形象的媒介呈现和涉及影视、宣传片、网络新媒体等大众媒介的媒介策略，如学者崔凤军的《城市形象电视广告的营销效应研究》②、苏永华与王美云的《基于整合营销传播理论的杭州城市形象国际传播研究》③、姚利权的《电影中的城市形象传播研究：以杭州为例》④、姚利权与陈莹的《新媒体环境下杭州城市形象传播策略》⑤、李华君与张婉宁的《G20 期间杭州城市品牌符号体系建构：基于杭州城市形象宣传片的内容分析》⑥ 等。

随着 G20 峰会的召开，杭州城市国际化发展进入提速阶段，近几年来有关杭州城市形象国际传播的研究开始引起人们关注，如刘曦与何亦星的《杭

---

① 杨嘉镕，陈洁行，沈悦林，等.杭州城市形象研究报告 [J].杭州科技，1999(2)：1-3.

② 崔凤军.城市形象电视广告的营销效应研究 [J].旅游学刊，2004(2)：79-83.

③ 苏永华，王美云.基于整合营销传播理论的杭州城市形象国际传播研究 [J].东南传播，2011(4)：92-95.

④ 姚利权.电影中的城市形象传播研究——以杭州为例 [J].名作欣赏，2013(6)：150-151.

⑤ 姚利权，陈莹.新媒体环境下杭州城市形象传播策略 [J].西部广播电视，2014(22)：156-157.

⑥ 李华君，张婉宁.G20 期间杭州城市品牌符号体系建构——基于杭州城市形象宣传片的内容分析 [J].品牌研究，2016(5)：81-89.

州国际形象的社交媒体传播效果研究》①、周芬的《美国媒体中浙江城市形象的话语建构研究》②、叶菁的《国际学术传播视角下的杭州城市形象研究》③等，在研究视角方面也由"传者视角"转向"受众视角"。部分学者针对境外媒体对杭州的报道进行文本或内容分析，或针对小部分在杭外籍人士的杭州形象认知进行问卷调查，从而对当地城市形象传播效果进行系统的评估。城市形象的国际化传播，从本质上看就是一种跨越异质文化差异的跨文化传播过程，然而目前跨文化传播学视角的研究仍然缺乏，在以往对城市形象国际传播的研究中，国际受众往往被泛化为"英语国家受众"，其背后的文化差异并未得到足够关注。如何在对外传播实践中解决过去"传播视角自我化""传播理念宣传化"的弊病，针对不同的国际文化群体实现"外外有别"的传播；如何超越异质文化的差异，通过价值共享构建"沟通共同体"，有效提升城市跨文化传播能力，这些问题对于我国城市而言，仍然是一个巨大的挑战。④

第三节　研究问题与研究方法

一、研究问题

本研究的核心问题有两个：一是"外籍人士城市形象跨文化认知形成的影响因素有哪些？如何作用于外籍人士身上？"，二是"如何有效提高城市形象跨文化传播能力"。

本研究选取我国走在国际化前沿的新一线城市杭州作为样本，围绕着杭州城市形象的自我建构与传播实践、杭州的海外媒介形象再现、杭州的国际

---

①刘曦，何亦星.杭州国际形象的社交媒体传播效果研究[J].浙江理工大学学报,2015,34(8):318-324.

②周芬.美国媒体中浙江城市形象的话语建构研究[J].浙江外国语学院学报,2016(5):27-33.

③叶菁.国际学术传播视角下的杭州城市形象研究[J].新闻世界,2017(3):58-64.

④吕铠，李文.中国城市形象国际化表达的有效视角[J].当代传播,2016(1):26-27,58.

公众认知形象三个方面展开研究。在核心问题之下，主要包含着以下几个子问题：

（1）杭州在历年来的对外传播实践中，如何形塑和传播其城市国际形象？

（2）杭州城市形象在海外主流媒体中的媒介再现图景如何？

（3）杭州自我建构和传播的目标形象与外籍人士的主观认知之间是否存在偏差？存在何种偏差？何以形成这种认知偏差？

（4）如何规避和消解这种跨文化认知偏差，以提高城市形象跨文化传播力？需要遵循什么样的策略、路径和原则？

这四个问题在本书的第三、四、五、六章进行解决。

二、研究方法

本研究主要采用个案研究、问卷调查、深度访谈、语料库分析等研究方法，各研究方法的具体实施步骤将在书中相应章节进行详细阐述。

首先，笔者对杭州当地旅游和宣传相关部门、相关公司进行了走访调研，对杭州市现有英文网站的使用情况、境外新媒体的对外推广文本的生产和用户数据进行了采集和整理，并对相关城市形象推广资料进行了分析。

其次，笔者基于国际大型线上新闻语料库 NOW（news on the web）提取杭州相关报道并自建语料库，针对杭州在海外主流媒介中的再现图景进行分析。

最后，笔者针对在杭外籍人士进行问卷调查和深度采访，并结合杭州市的英文网站、海外新媒体推广文本以及图片、海外形象宣传片等具体物料展开相关活动，以期由浅入深地发现外籍人士对杭州国际形象的跨文化认知，以及该形象构成的背后的深层原因。访谈完成后，笔者用 NVivo 11 对笔记进行"开放式编码—主轴编码—选择性编码"三级编码整理，进行理论模式探索，最后用预留的访谈材料进行饱和度检验。

第四节　研究框架与概念界定

一、研究框架

第一章为绪论，围绕研究问题、研究背景、研究思路、研究方法等内容展开，起到引起下文的作用。

第二章致力于勾勒和厘清主要的理论资源。首先，明确了城市形象对外传播本质上是一种跨文化传播与对话实践。其次，在梳理布伯、巴赫金、洛特曼、伯姆等学者的对话理论的基础上，重点讨论了对话（dialogue）思维是什么，因何要将对话思维引入跨文化传播，引入了对话思维的城市形象跨文化传播应该具备哪些特征。

第三章主要聚焦杭州城市国际形象的自我建构和对外传播实践，以深度发掘杭州城市对外传播经验。之后，通过实地调研和各类相关媒体资料的采集整理，重点讨论了 21 世纪以来杭州对外传播范式变迁的三个阶段。

第四章主要基于国际大型语料库 NOW 中的英国、美国、新加坡、澳大利亚等 19 个国家的主流媒体对杭州的新闻报道自建语料库，并通过对节点词、共现词及显著搭配词等的统计分析，对杭州城市形象的海外媒介再现图景进行分析。

第五章采用问卷调查和深度访谈的方法，针对在杭外籍人士对杭州形象的跨文化认知情况进行考察：问卷部分主要调查外籍人士对杭州综合形象、文化资源的认知及兴趣偏好，以及其媒介接触和对杭州的情感态度，致力于发现"存在什么样的问题"；访谈部分则通过对外籍人士和专业媒体人士的深度访谈，经由 NVivo 11 和三级编码，对外籍人士的杭州形象跨文化认知影响因素及其作用机理进行更进一步的挖掘，主要回答"因何有这样的问题"。

第六章致力于回答"如何改善和解决这些问题"，重点围绕城市形象跨文化传播力的提升策略及路径进行探讨。该部分首先讨论了城市跨文化传播力的概念和构成，其次探讨了如何在城市形象对外传播实践中实现"对话型"跨文化传播。

第七章进行回顾和总结，指出了研究的局限性，并对后续研究进行展望。

二、概念界定

（一）城市形象与城市品牌

总体来说，城市形象和城市品牌互为基础，城市形象是城市品牌的外在体现，也是通过接触及其传播等形成的相关利益者对一个城市的信念、看法和印象的总和。城市品牌则是城市形象更趋理性和规范化的表达，是其确定建构的城市表达范式，比城市形象更具有确定性。城市形象与城市品牌是不可分割的有机整体，城市形象反映了城市品牌的综合实力与文化特质，城市品牌则是城市形象背后的有力支撑。

关于"城市形象"的定义，目前较有代表性的有以下两种：一种是从地理或行政区域视角出发所拓展出来的"地域形象""区域形象"等概念，其中国内学者罗治英是较早对地区形象进行定义的，认为其"指一个地区的内部公众与外部公众对该地区的内在综合实力、外显前进活力和未来发展前景的具体感知、总体看法和综合评价，简言之，地区形象就是公众对该地区方方面面的感知、看法与评价的总和"[1]。这一类定义更为侧重从实体空间、地理范围或经济等维度对城市形象进行分析和研究。

另一种类型的定义则认为在城市形象的考量中也需纳入虚拟维度，如城市的媒介形象、公众的认知形象等主观属性。国外的凯文·林奇在1960年出版的《城市的形象》一书中，基于小样本的长期面谈调研，从人们的主观认知中提取出有关城市的意境地图，并且认为城市形象是多数城市居民所共同拥有的心理图像。[2] 此后，林奇还在 *Good city Torm*（《城市形态》）一书中，将"管理、效率和公平"列为良好城市形态不可或缺的因素之一，城市形象的内涵由此从单纯的物质和感官层面拓展到更为深入的社会文化层面。

尽管人们目前对城市形象尚未有统一的定义，但随着研究的逐渐深入，越来越多的学者意识到城市形象兼具客观存在和主观认知的特征，于是在"城

---

[1] 罗治英.经济与社会可持续发展的一个重要课题——地区形象设计与建设[J].世界经济与政治，1996(7)：71-72.

[2] LYNCH K. The image of the city[M]. Cambridge：MIT Press，1960：22.

市形象"的理解和解读上达成了一定的共识：

其一，城市形象既是一种客观的社会存在，是城市历史与现实的累积，其外延包括城市中的大部分事物，是城市形象得以产生的客观实在（包括自然景观、城市建设、市民特征、地方风土人情、气候特征等客观存在的元素），也是城市的内在素质和文化底蕴在外部形态上的外在表现；其二，城市形象还包括城市媒介形象以及公众的主观认知和评价等虚拟形象，公众的主观看法和评价既受到城市客观实在和媒介再现的影响，也反过来影响着一个城市的生存和发展。因而，在城市形象的对外传播研究中，应当将城市的客观现实形象、城市媒介呈现和国际公众的主观认知形象均纳入研究考量的范畴。

此外，本书中提到的城市形象跨文化传播能力的提升，主要针对的是海外公众的跨文化理解和认同的提升，即海外公众的主观认知形象的提升。

（二）跨文化传播与国际传播

跨文化传播（intercultural communication）发端于文化人类学，是传播学的一个重要分支，20 世纪 40 年代后期诞生于美国后，逐渐发展成为一门独立学科，20 世纪 80 年代被引入中国学界。早期的跨文化传播研究主要的研究对象更偏向于人际、语言及非语言的跨文化传播活动，涉及的一般是跨越国族界限的、具有不同的异质文化背景的传播主体。其研究主要关注的是具有异质文化背景的个人、群体甚至国家等多层次的主体之间交往的特点和规律，不同文化之间对符号意义的阐释差异，还牵涉不同的文化图式、不同的民族心理等诸多方面。

随着研究的不断推进，国内外学者开始提出跨文化传播的研究范围不应局限于人际交流层次，而是可以扩展至大众传播层次，甚至是不同文明之间的对话。在《跨文化传播研究范式：走向后理论》中，西方学者斯迪奎兹（Siddiquiz）就大力倡导跨文化传播研究不能仅仅局限在人际交流这个层次。此外，巴尼特（Barnett）等学者也在《国际传播学和跨文化传播学指南》中提出，跨文化人际传播也应和经由媒体进行的跨文化传播结合起来进行研究。

相比较而言，过去的研究中所提的国际传播往往侧重的是跨越国家和地区的边界、借由大众媒体、面向更多的受众进行的传播活动，一般涉及的是国家或国家利益集团层面特定经济、政治等目标的实现；而跨文化传播研究侧重于跨越文化的藩篱进行传播活动，偏向于文化间比较的视角。具体而言，"跨文化传播研究领域的研究对象是'文化他者'，特指的是大写的 Other，不是小写的 other。小写的 cultural other 一般指的是同种 / 均质文化背景（种族）

中的另外一个人；而大写的 cultural Other 特指具有其他文化背景（种族）中的作为该种文化代表的主体，也可能是一个人……也可能是一个组织——比如跨国公司，也可能是一个国家 / 地区的人——比如不同国家的外交家"①。简而言之，跨文化传播研究实际上跨越的是文化的边界，其目标指向既有组织或国家等宏大层面，也包含了文化个体层面的利益实现。

在本研究中，关于"跨文化传播"一词的使用，特作两点说明：

（1）"跨文化传播"（intercultural communication）一词也常常译作"跨文化沟通""跨文化交往""跨文化交际"，除了"跨文化交际"更偏向人际传播以外，其他词语在描述文化间交往时差别不大，因此书中将酌情替换使用。

（2）由于本书的侧重点是对外传播研究，因而书中的"跨文化传播"主要指与具有不同文化背景（特指异质文化）的国际受众之间的文化互动与对话活动，包括人际传播及大众传播，与广义的"国际传播"意义接近。在城市形象的对外传播实践中，跨越的不仅是国族的界限，还有文化的边界，因此本书将两个名词均纳入进来，根据语境酌情使用。

（三）"文化折扣""文化误读""跨文化认同"

所谓"文化折扣"（cultural discount），指的是"因文化背景差异，国际市场中的文化产品不被其他地区受众认同或理解而导致其价值降低的情形"②。1988 年，西方学者科林·霍斯金斯（Colin Hoskins）和米卢斯（R. Mirus）在《美国主导电视节目国际市场的原因》一文中首次提出此概念，他们发现，文化结构差异是导致影视文化产品市场上出现"文化折扣"现象的主要原因，扎根于一种特定文化的电视节目、电影或录像，有可能在国内市场很有吸引力，但在其他地方吸引力却明显降低。国内外市场的观众往往因为生活方式和文化背景的不同，在影视产品中所呈现的风格、价值观、信仰、历史、神话、社会制度、自然环境或行为模式等多个方面存在不同的认知和解读。③ 实际上，"文化折扣"也体现在城市品牌传播过程中。随着全球范围内经济和文化流动的加速，中国城市的国际化传播活动越来越普遍，"文化折扣"的现象也越来越常见。虽然国内城市不同区域之间也会出现文化折扣的现象，但相比于对外

① 姜飞 . 新阶段推动中国国际传播能力建设的理性思考 [J]. 南京社会科学，2015(6)：109-116.
② 戴元初 ."文化折扣"与城市品牌的跨文化传播 [J]. 青年记者，2012(34)：83-84.
③ HOSKINS C. R. Reasons for the US dominance of the international trade in television programmes[J]. Media, culture & society, 1988, 10(4)：499-515.

传播活动，其是在一种同质化的中华大文化环境中的传播，而对外传播中要克服的不仅仅是语言符号系统的差异，更是历史、价值观甚至宗教信仰方面的差异。[①]

"文化误读"（cultural misunderstanding）是"基于己方的社会规范、观念体系、思维方式等对另一种文化产生的偏离事实的理解和评价"[②]。误读已经成为传播活动中难以避免的现象——即使在同一文化内部，人们之间也常常出现误读的现象，而在跨文化交往的过程中，文化差异的存在往往更容易导致认知偏差或文化误读，致使交往行为的实施变得困难重重，甚至引起关系的失谐和带来文化冲突（cultural conflict）。文化误读源于文化差异，研究发现，在跨文化传播中导致文化误读的原因有很多，传播主体双方特有的社会文化背景、个体经验、语言模式、思维方式、知识背景或者风俗习惯等，都可能导致对异质文化的误读。[③]

"跨文化认同"是交际者"跨越文化边界，与其他文化的成员相互适应、相互建构的产物，体现了他们包容与开放的心态、贯通的知识结构以及打破族群中心主义（ethnocentrism）、融汇不同文化视角的能力"[④]。同时，跨文化认同也是新全球化时代不同文化间相互交流与对话的产物，对于构建费孝通先生曾经期许过的"各美其美，美美与共"的跨文化关系起着至关重要的作用。

①戴元初."文化折扣"与城市品牌的跨文化传播[J].青年记者，2012(34)：83-84.

②孙英春.跨文化传播学[M].北京：北京大学出版社，2015：165.

③潘皓.跨文化交流中的"误读"现象[J].武汉理工大学学报（社会科学版），2003（6）：721-725.

④戴晓东.解读跨文化认同的四种视角[J].学术研究，2013(9)：144-151，160.

第二章　城市形象跨文化传播研究的"对话"视角

第一节　走向"对话"的传播

一、"对话"的内涵及理论起点

对话（dialogue）是人们的一种独特的交流和沟通方式，这种方式强调了参与各方的平等性，以及意见表达的自由与权利。从广义的角度来看，对话涉及人类历史与文明发展中的重要哲学命题。

"对话"（dialogue）一词起源于希腊词"dialogos"，其前缀 dia 意为"穿越"（through）。"对话"的发生并没有人数限制，它既能是一个人与自我的对话，也可是多方的交互与沟通。正如戴维·伯姆等所阐释，"对话"就如同"一种流淌于人们之间的意义溪流，它使所有对话者都能够参与和分享这一意义之溪，并因此能够在群体中萌生新的理解和共识"，而这种共享的理解和共识，是"能被所有人参与和分享的意义，它能起到一种类似'胶水'或'水泥'的作用，从而把人和社会黏结起来"①。

从"对话"的价值取向和内涵意义来说，它指向的并非常识意义上的对话或讨论，在日常的讨论和辩论中，人们往往固守自己的立场，即便赞同或采纳对方的某些观点，其最终目的也是想劝服对方听从或认同自己的意见。而在

---

① 伯姆，尼科.论对话 [M].王松涛，译.北京：教育科学出版社，2004：6.

真正的对话过程中，人们要坚持平等的立场、保持开放的态度，不以赢取对方为目的指向，而是努力经由沟通达成信息的共享、利益的互惠。戴维·伯姆等认为，日常生活中的讨论、辩论或谈判都不能称之为对话，因为它们只是在小问题上做交易，却从来没有真正质疑和反省过自己内心深处的那些重要的思维假定（fundamental assumptions）。①

在中西方哲学史中，"对话理论"源远流长，可以说是与人类文明的发展始终相伴，较早可以追溯到柏拉图记录苏格拉底言行及自己思想的《对话录》，以及孔子弟子记录孔子言行的《论语》等。在古希腊，对话是人们在经济、政治、文化等领域探求真理、传播思想的重要方式，也是人们在社会生活中进行语言活动的主要形式。对话的前提条件就已经预示了双方是平等、自由的，对话的参与者不带有成见或偏见并"给对方同样的机会来反驳"。哲人如亚里士多德等设坛讲学，传授的内容中就包括针对有效对话的演讲技巧、人的自我表现等。相似的对话形态也曾存在于中国先秦的思想领域，在《论语》中，孔子在与弟子对话时所展现的那种平等、开放且和谐的对话关系，对我国儒家学派的创立与发扬光大至关重要。而在其他思想家的经典作品中，也处处可见各种不拘一格、活泼生动的对话形式。可以说，正是通过各种广泛且深入的对话，先秦时期的中国文化才得以呈现出经典辈出、百花齐放的局面。

在当代西方哲学领域，"对话"是一个始终受到关注的话题，20世纪以来，马丁·布伯的"关系本体论"、巴赫金的"对话理论"、洛特曼的"文化互动理论"、戴维·伯姆的"对话理论"、哈贝马斯的"交往理论"和伽达默尔的"视域融合"等对话思想，已经逐渐形成了一个强大的理论谱系。同时，"对话"理论以其强大的理论阐释力，开始冲出哲学、文学领域，向传播学、教育学等更多、更广泛的领域辐射，并成为推动现代传播学理论勃兴的重要源泉之一。

二、对话理论的发展脉络及主要观点

现代对话理论之父马丁·布伯（Martin Buber）认为，对话就是一种关系，并在其著作《人与人》中系统地阐明了其对话思想，提出主体与客体之间存在两种关系模式，即"我—你"（the "I-Thou" relationship）关系和"我—它"（the "I-It" relationship）关系，并认为并非人与人之间的每一种关系都是

---

① 伯姆，尼科.论对话[M].王松涛，译.北京：教育科学出版社，2004：7.

"我—你","我—你"是一种具有"开放性""直接性""交互性""在场性"特点的关系，它可能发生在人与人之间，也可能发生在人与树、猫、艺术品之间；相反，"我—它"是一种典型的主客体关系，在这种关系中，一个人可以认识并利用他人或事物，但不允许以其独特性为自己存在，比如，"我所遇见的树在我遇见它之前不是一个'你'"①。在定义"对话"时，布伯引入了一个只存在于"我"和"你"之间的概念，即"体验关系的另一面"（experiencing the other side）。这种"包容"的行为，是一种使人有可能遇见和了解对方的行为，但"技术对话"却不能拥有这种经历，因为其所关心的只是交流的内容，而不是对话中的伙伴本身，更不用说"伪装成对话的独白"中的"包容"了。②如果都以自己为"主体"，以对方为"客体"，那么这两者永远不会有"对话"，只会有各自的"独白"。③

一言以蔽之，真正的传播应该是人类在寻找自我的途中，带着对他人的尊重和自我尊重，不断与他人发生对话式的关系，这种关系带着探寻和倾听，是人与世界、与他人之间的平等相遇。之后，马丁·布伯开启了对话关系的研究，并对巴赫金产生了重要的影响。

20世纪中后期以来，巴赫金的对话理论对西方人文学科产生了重要影响，渗透在人文认知、审美创造等领域。巴赫金是首个把"对话"作为一种人文科学认识方法的学者，也是首个把对话作为一个完整理论提出来的学者。在巴赫金看来，对话涉及人的主体建构，即人如何在认识自我和他人的过程中建构自己的主体，主体建构只能在自我和他人的对话中实现。在巴赫金这里，"对话"意义已经远远超出了文学理论自身的范围，并且成为联结古今中外文化的桥梁。

巴赫金倡导人与人之间对话交往、多元共生的生存状态，他深入地讨论了"独白"和"对话"这一对重要的概念，他的对话思想中贯穿着对"独白"型思想的否定、对静止的交际与沟通的批判性思考。巴赫金还用"复调"来比喻对话中充盈着"众多的各自独立而不相融合的声音和意识"④。他所期待的不是一个"死寂无声"的世界，而是一个"众声喧哗"的社会，没有意识形态的霸权，也没有独白话语对他人思想的扼杀。与对话相对的独白，则将他人作为意识的客体，"最大限度地否认在自身之外还存在着他人的平等以及平等且有

① BUBER M. Between man and man[M].New York：Routeclge，2002：15-16.

② BUBER M. Between man and man[M].New York：Routeclge，2002：17.

③ 孙英春.跨文化传播学 [M].北京：北京大学出版社，2015：335.

④ 巴赫金.陀思妥耶夫斯基诗学问题 [M].白春仁，顾亚玲，译.上海：三联书店，1988：29.

回应的意识，还存在着另一个平等的我（或你）"①，所以独白并不期待他人做出应答，或者说，对他人的回答置若罔闻。巴赫金对"对话"的阐释，远远超出"言语相互作用的形式"这个狭义的范围，而是把人置放在现实的社会交往中，热切关注对话主体的独立性、主体间性。他的对话理念蕴含着一个重要的价值预设——人的价值、思想等是彼此独立而平等的，自我与世界之间也是平等的、自由的关系。

俄国著名符号学家洛特曼继承和发展了巴赫金对话主义的精髓，并从新的视角对不同文化间的交流和碰撞进行了分析，提出了"文化互动理论"。文化互动理论认为，一切文化符号的载体，甚至个人都可统称为文化文本，文化文本意义的获得源于和符号域的互动与对话，源于和其他文化文本的互动与对话，而文化文本之间的"对话机制"具有"不对称性、离散性、未完成性、多相性"的特点。其中，"不对称性"首先意味着文化对话的参与者在符号结构（语言）上的差异，其次还指对话者之间信息的轮转流动，对话参与者轮流从"发出信息"位置转入"接收信息"位置。"多相性"则有两重意义：一是指在文化互动过程中，跨文化交往主体间的对话往往是双向或多向的，接收者在感知和接收某种文化信息的同时，也可身兼传达者的功能；二是指跨文化对话交际的主体、内容、形式及渠道等维度的多样性，如跨文化对话可以发生在个人之间、群体之间、组织之间、民族之间甚至国家之间等各种层面，交际形式（渠道）也可以包含语言交流与非语言交流，其信息载体可以是书籍、报刊，也可以是电视、网络媒体等。②

洛特曼认为，"对话"意味着对自我的理解和对他者的理解，只有在对话中，各方的存在特性才能被揭示并处于开放态势之中。③文化文本如果孤立存在，不与其他文本相接触，那么它就不能产生新的文本或信息。此外，创新需要文化文本之间进行互动和对话，对话是"获得新信息的机制，这些信息在对话之前尚不存在，而是出现在对话过程中"④。为了反映民族文化与外来文化相

① 巴赫金.巴赫金全集：第五卷 [M].钱中文，晓河，贾泽林，等译.石家庄：河北教育出版社，1998:386.

② 陈戈.不同民族文化互动理论的研究：立足于洛特曼文化符号学视角的分析 [M].北京：外语教学与研究出版社，2009：112-114.

③ LOTMAN Y M. Universe of the mind: a semiotic theory of culture[M].Bloomington:Indiana University Press,2001:67.

④ 陈戈.不同民族文化互动理论的研究：立足于洛特曼文化符号学视角的分析 [M].北京：外语教学与研究出版社，2009：114.

互作用时的基本特点和主要规律，洛特曼还从接收方的角度探讨了文化对话、接收的动态过程。在《对话的机制》一文中，洛特曼认为民族文化接受外来文化的过程亦是一个动态对话的过程，事实上，在文化对话的过程中，多种文本在不同维度不断进行着对话，它们彼此冲突、作用，在接收外来文本的同时，也有可能在向外输出其文化文本。

在对话理论的脉络中留下重要思想的还有学者戴维·伯姆（David Bohm），他出于对"技术理性"统治下人类社会所面临的传播和沟通困境的考量和应对，提出了"伯姆对话"（Bohm dialogue），强调平等地位和"自由空间"（free space）是传播最为重要的前提，对话则是传播中在人们之间自由流淌的"意义溪流"，经由对话交换的观点和信息有益于文化的转型，同时释放文化的创造力。[①] 他主张的是一种"求同存异"的"对话"，通过将意见集中与分享，从而形成创造性的意义传播的过程，由此可见，对话并不是思想的争锋，而是观点的集合和讨论。在此过程中，人们不是互相对抗，而是共同合作，实现双赢。

德国社会学家尤尔根·哈贝马斯（Juergen Habermas）的交往行为理论也曾对"对话"给予了关注。根据交往理性的要求，传播沟通是一切主体存在的前提和基本方式；传播沟通的过程就是通过主体之间的平等互动进行理解并在主体之间生成意义的过程，"只要交往参与者没有建立起相互承认的关系，并接受对方的视角，一同用他者的眼光来审视自己的传统，相互学习，取长补短，那么，就不可能出现建立在信念基础上的共识"[②]。哈贝马斯深刻察觉到资本主义工具理性理念所导致的诸如人的物化、人们关系工具化等各种社会交往的困境，他强调只有通过对话才能相互沟通和理解，这种交往行动必须是"主体间性"之间，即"主体—主体"的互动与对话，主体之间需要相互依存、交融共生，通过重建"交往理性"，构建更为和谐的人类社会。[③]

哈贝马斯关于交往理性与对话的思考，突出了与主体客体关系不同的交互主体性，即主体和主体之间相互承认、沟通和影响，或者说，是对话双方具有同等的主体地位且处于平等的关系中，以达到一种"协商的理解"并在主体之间生成意义。在他看来，传播沟通是一切主体存在的前提和基本方式，与

① 伯姆，尼科.论对话 [M].王松涛，译.北京：教育科学出版社，2004:20.
② 哈贝马斯.后民族结构 [M].曹卫东，译.上海：上海人民出版社，2002：148.
③ 哈贝马斯.交往行为理论：第1卷　行为合理性与社会合理性 [M].曹卫东，译.上海：上海人民出版社，2018：122.

之相应，对话是一种方法论，也是实现交往的合理、有效甚至是唯一的途径。哈贝马斯和哈勒强调，只有通过对话才能相互沟通和理解，即纯粹的交互主体性是"我和你""我和他"之间的对称关系决定的，"不同文化类型应当超越各自传统的生活形式的基本价值局限，作为平等的对话伙伴相互尊重，并在一种和谐友好的气氛中消除误解，摒弃成见，以便共同探讨与人类和世界的未来有关的重大问题，寻找解决问题的途径。这应当作为国际交往的伦理原则得到普遍遵守"①。

回顾 20 世纪以来马丁·布伯、巴赫金、戴维·伯姆等学者的论述，可以发现，"对话"的概念早已远远超脱"交谈、讨论"等传统的字面意义，被赋予了新的哲思和内涵，而"对话"理论也由此逐渐形成了一个脉络清晰的理论谱系，并且成为一种人文科学认识方法。近年来，对话理论所包含的范围已经由过去的哲学、文学、语言学等领域，快速扩展到社会学、历史学、人类学、传播学等领域，并为这一时期跨文化传播学研究的发展演进提供了重要的启示。

第二节 "对话精神"与跨文化传播

一、"对话精神"的基本含义

从布伯关于对话的"关系理论"，到巴赫金关于对话的"对话性"和"复调理论"、洛特曼的"文化互动理论"、戴维·伯姆的"对话理论"，再到哈贝马斯的"主体间性"的对话研究，虽然这些学者的对话研究各有侧重和不同，但是都在不同维度、不同程度上展现了其中的"对话精神"，对于推动跨文化传播顺利进行具有重要意义。

回溯巴赫金等学者关于"对话"概念和特征的讨论，可以发现"对话精

---

① 哈贝马斯，哈勒. 作为未来的过去——与著名哲学家哈贝马斯对话 [M]. 章国锋，译. 杭州：浙江人民出版社，2001:215.

神"往往蕴含着以下几层意思：

一是强调了传播双方应坚持"平等""互相尊重""开放""包容"的基本立场。

二是强调了对话的主体间性，真正的对话是从"我—他"的交互转向"我—你"的交互，这意味着对话双方在不丧失自我的前提下，摒除单个主体的"自我"或"他者"视角，转向"双主体性"的视角，给予对方充分的尊重和关注。

三是强调了传播主体的"在场"，以及传播双方的积极参与、共同协商，彼此进行自我调整和顺应，以达成共识和认同。

四是对话还具有"多相性"特征。对话不仅有同意或反对、肯定或补充、问与答等不同形式，还包含了不同交往主体（个人、群体、国家、民族）通过各种渠道（人际接触、广播电视、书籍报刊、新媒体等）在不同维度（政治经济、人文艺术等）发生的不同形式（语言、动作、图画、音符等）的交流互动过程。

五是对话主体在发起对话时是"期待回应"的，真正的对话绝非单向的传播，而是期待对方回应与互动的双向交流过程。

六是对话强调了参与主体的协力"合作性"立场，对话的目的不是竞争和对抗，而是双方利益的互惠和共赢。

七是对话（dialogue）与倾听（listening）在传播过程中相互依存、相互交织。

结合前面的讨论，对话精神的内涵可以大致总结为对话各方都要努力摆脱"自我中心"的视角、摒除定式和偏见，通过彼此之间积极、开放、包容的对话与交流，最终达成视域融合，形成共识乃至认同。这也符合巴赫金提出对话理论的初衷，即寻求一种积极的人文精神，尊重个性与差异，注重责任与平等参与。

同时，我们不难看出，"对话精神"所导向的是一种较为理想的、有效的传播和交流方式。实际上，对话不仅是一种传播手段，还包括了人类生存方式的相互参照——对话建立了人与人之间相互开放、彼此依存的关系，是自我与他人共同"在场"的相互审视和相互认证。① 具体到实践中，人们可以借助理查德·约翰尼森（Richard Johannesen）对布伯等学者的对话思想所总结的六个要求来理解："相互开放（mutual openness）、非操纵性（non manipulative）、

---

① 孙英春. 跨文化传播学 [M]. 北京：北京大学出版社，2015:338.

承认独特性（recognition of uniqueness）、相互承认（mutual confirmation）、彼此接近（turning toward）、不做评价（non evaluative ness）。"[1]

事实上，对于推动人类健康的传播关系而言，对话精神具有重要的意义和必然性。戴维·伯姆等认为，"对话"作为"一种流淌于人们之间的意义溪流"，贯穿不同时代、文化和国家的思想和行为中，可以帮助各个社会和文化完成彼此的认知、知识的共享，以及自身经验世界的调适乃至矫治。[2] 面对人类传播的种种困境，对话者不是主张对抗、渲染对立，而是通过共同参与来理解差异甚至走向融合。在我国城市形象的对外传播话语中，只有将对话精神贯穿传播内容和传播行为当中，才能有效规避自身的文化图式差异以及刻板印象等元素所导致的误会、排斥甚至冲突，只有对话的传播，才能帮助人们协商彼此的差异，从而超越一己的利益和立场，这将为解决人类传播的根本困境提供出路。[3]

二、文化、文化差异与文化冰山理论

（一）文化与文化差异

要想对跨文化传播现象进行深入研究和分析，先要厘清"文化"的内涵意义。文化，是一个易于感知却难以把握的概念，因地域或民族等各种维度的差异而呈现出复杂多样性的特征。自古以来，虽然中外学术研究者对其定义形形色色，但基本都涉及人与社会的关系以及人的存在方式。

克拉克洪（Kluckhohn）和克洛依伯（Kroeber）等学者在《文化：概念和定义的批评考察》一书中提道："文化是历史上所创造的生存式样的系统，既包括显性式样又包括隐性式样；它具有为整个群体所共享的倾向，或是在一定时期内为群体的特定部分所共享。"[4] 国内学者胡文仲基于国内外多位学者的定义，大致总结了"文化"的几大特性，即"①文化是人们通过长时间的努力所

---

① JOHANNESEN R L. The emerging concept of communication as dialogue[J]. Quarterly journal of speech, 1971, 57（4）: 373-382.

② 伯姆，尼科.论对话 [M].王松涛，译.北京：教育科学出版社，2004：27.

③ 孙英春.跨文化传播的对话空间 [J].浙江学刊，2017(2)：51-59.

④ KROEBER A L., KLUCKHOHN C. Culture: a critical review of concepts and definitions[M]. Boston: Harvard University Press,1952：181.

创造出来的，是社会的遗产；②文化既包括信念、价值观念、习俗、知识等，也包括实物和器具；③文化是人们行动的指南；④文化是后天所习得；⑤价值观念是文化的核心，可以根据不同的价值观念区分不同的文化"①。

本书基本认同以上关于文化的定义。总而言之，文化不是静止不变的，文化经由符号系统得以传播，但文化间的互动不仅包括显性的文化符码域层面的交互，还包括符码背后隐性的价值观等底层结构上更深层面的互动。

文化差异是不同国家、民族、地区的历史和文化沉淀的结果，对于长期浸淫于特定文化中的人们来说，文化差异对其思维方式、语言及行为逻辑产生的影响往往比政治意识形态差异更为深刻，即使在信息和传播技术越来越发达的今天，在经济全球化的背景下，文化差异的潜在影响仍然无所不在、难以消弭。在城市的跨文化传播与交往实践中，拥有异质文化的游客、网民、留学生、工作人员等跨文化交往主体，在作为阅听人或文化体验者时，都难以完全脱离自身的文化框架来解读对方所传递的文化信息。在爱德华·T. 霍尔（Edward T. Hall）的延伸及延伸迁移理论中，文化被比喻为人类外化的一种隐形的"屏障""筛子"，甚至是"桎梏"。②因而，不少知名城市品牌在展开海外营销推广时，都积极因时因地进行了在地化（localized）调整。比如，韩国的首尔根据海外受众不同的文化背景和文化期待在城市品牌的推广口号、宣传产品、媒体活动等方面进行了相应调整。其中，首尔市政府对中国人宣传时侧重讲述城市的"时尚故事"（stylish story），对日本则侧重传递"人文故事"（humanistic story），对美国和欧洲国家则侧重讲述"鼓舞人心的故事"（inspirational story）。③

文化差异的客观存在，意味着文化间的理解、认同或接受可能需要经历漫长而反复的调适过程。不少学者曾经尝试探寻和解释文化间的差异，如霍尔从"高、低语境文化"（high-low context culture）的维度出发，对日本、中国、意大利、英国、法国、美国、德国、瑞士等国家文化进行了分类、排序。他认为，在高语境文化中，信息的组织和交流更依赖语境，信息含蓄内隐，显性语码负载的信息量相对较少，低语境文化则刚好相反。④而在霍夫斯泰德（Hofstede）所提出的"文化维度理论"中，不同国家的文化在权力距

---

① 胡文仲. 跨文化交际学概论 [M]. 北京：外语教学与研究出版社，1999:36.

② 霍尔. 超越文化 [M]. 何道宽，译. 北京：北京大学出版社，2010：17.

③ 丹尼. 城市品牌：理论与案例 [M]. 沈涵，等译. 大连：东北财经大学出版社，2014：275.

④ 霍尔. 超越文化 [M]. 何道宽，译. 北京：北京大学出版社，2010：90-95.

离（power distance）、不确定性规避（uncertainty avoidance）、个人主义与集体主义（individualism versus collectivism）、男性化与女性化（masculinity versus femininity）、长期取向与短期取向（long-term versus short-term）、自身放纵与约束（indulgence versus restraint）这六大文化维度上体现出差异。

（二）文化冰山理论

在霍尔的文化冰山理论（iceberg theory of culture）中，文化被比喻成冰山：露出水面的冰山部分只是文化的显性部分，如建筑、艺术、烹饪、音乐、语言、行为等，这些只不过是冰山的一小部分，且这一部分需要隐藏于水下的部分作为支撑，而隐性的文化无意识部分往往是更为重要的，隐匿于冰山之下作为支撑的文化深层结构部分主要有历史、习俗以及对大自然、时间、空间的态度等，位于冰山最底层的则是价值观和思维方式。[1] 价值观集合了不同文化之中相对稳定的，包含情感、逻辑、善恶是非评判的观念，构成了文化的"底层结构"，是隐形地支配人类行为的无意识文化模式，同时决定了人们对各种言语及非言语行为文化符码的选择、运用和理解，是驱动传播主体进行社会行为的主要因素。

因而，在讨论如何打破文化的壁垒，提高城市形象对外传播力的策略、路径和方法时，我们不仅要考量不同文化中语言、音符、图形、态势语等各种语言和非语言符号层面的信息传递，还需要将交往双方彼此文化中在价值观层面的交流和碰撞纳入考虑范围。

虽然文化差异是客观存在的，但人们在跨文化传播中对传播渠道、传播内容、传播态度和传播策略等诸多要素是可以选择的。增进对文化差异的认识和理解，有助于我们在对外传播实践中因时、因地制宜地消解隔阂和误会，同时避免对异文化的刻板印象（stereotype）。当前，世界即将进入一个多中心、多引擎、多条道路和多种价值观并存的"后全球化时代"，这也是一个脱离不开全球合作和交流的时代，而适应时代新语境的、多元化文化并存、多主体平等交流传播的那些话语体系则有可能成为主流话语。[2] 在这个价值观、生活方式不同的世界，如何理解文化差异，与他者实现互惠性理解，已关切到经济和文化的可持续发展问题，而如何有效减少文化误读、规避文化冲突，也正是我们在跨文化传播实践中要时时思考的问题。总而言之，正是通过跨文

---

① HALL E T. Beyond culture[M]. New York：Anchor Books, 1976：77-79.
② 李怀亮."后全球化时代"的国际文化传播 [J]. 现代传播（中国传媒大学学报），2017，39（2）：13-17.

化对话，人们才能更好地接受文化差异、寻求共识与认同，同时改变了划界自守、故步自封的状态，降低了跨文化乃至全球传播情境中形形色色的偏见和不确定性。[①]

第三节　"对话"视角下的城市形象跨文化传播

一、城市形象跨文化传播本质

城市形象的对外传播实践，从本质上说，就是来自不同文化背景的交往主体之间的跨文化传播与互动过程，这种交往主体可以是政府机构、公司等组织，也可以是个人，而这种文化之间互动的信息载体，即洛特曼所说的"文化文本"。文化文本构成的基本单位，即来自"文化符号域"（包括语言、音乐、颜色、态势语、表情等各种承载文化信息的符号），但从某种程度上说，人自身也是文化文本的一种，人的言行举止、衣着等都携带着特有的语言符码、文化图式等信息，作为社会个体的人，本身就是承载着特定文化符码的信息载体。文化符号域是一个庞大复杂的体系，它的产生和演变受制于不同国族文化中的价值观、世界观、思维方式、民族性格、风俗习惯、宗教信仰、语言文化等方面的独特性，是体现国族独特文化景观的基本元素。如果从这个角度来考量城市形象的对外传播，那么外籍人士与东道国的任何城市文本（如人、建筑、景观、食物、媒体推送消息、文艺表演、博物馆展演等）的接触，都可视作一次不同文化文本之间的跨文化对话与交流的实践。

因而，城市形象对外传播的过程，从任何一方对话者的视角来看，都是一次不同文化之间对话和磋商的过程，而在这个过程中，文化之间的互动与对话不仅发生在语言、图形、态势语等文化表层结构中，还发生在看不见的价值观、思维方式等文化深层结构中，它们彼此交叉、碰撞、磋商，向着视域融合

① 孙英春.跨文化传播的对话空间 [J].浙江学刊，2017(2)：51-59.

的方向不断进行自我调整和适应，某种文化在接收外来文本的同时，有可能也在不断地向外输出其他文化文本。①

二、对话精神与城市形象跨文化传播

在中国文化走出去的时代背景下，良好的城市国际形象已经成为提升城市国际影响力、增强城市核心竞争力的重要战略资源。当前，我国城市几乎都面临着两个重要的现实命题——如何有效提升城市的跨文化传播力？如何面向国际公众讲好中国城市故事？而"对话"理论为我们考察和研究城市跨文化传播现象提供了有效的理论视角和依据。

我们在前面分析和梳理了布伯、巴赫金、洛特曼等学者的"对话"理论，通过诸多学者对"对话"的阐述，可以发现，对话既是一种方法论，也是实现跨文化交往的合理、有效的途径，只有通过对话，不同文化间才能相互沟通和理解。对话精神中所蕴含的"平等""积极合作""分享""双主体性"等特性，使人们可以在跨文化传播的过程中，通过对话共同构建一个更大的人类认知和交流的空间，在这个间性空间中，不同的文化通过碰撞、磋商和交流，一起向着达成共识和加深理解的方向不断努力，而意义在其间不停地流淌、更新。

从某种程度上说，不同文化之间的理解总是相对和有限的，而不理解的存在却是绝对的，因为人们总是缺乏他者文化的"图式"（schema），习惯经由自身文化的"透镜"来观看和推断他者文化中的信息含义，这种视角、思维和语言模式的困囿，使得跨文化交往者只能看见自己认为重要的东西，难以进行互惠性理解和交流，从而导致认知偏差、文化误读或冲突。而对话正好是传播主体调适自我、理解不同文化的有效途径，是跨文化传播的内在需求，更是人类消解偏见和误读、规避冲突的合理而有效的传播手段。缺失了对话，传播则变成了无法期待对话回应的"独白"（monologue）。

因而，在"中国文化走出去"和"一带一路"倡议有效推进的时代大背景下，在我国大部分城市都面临着提升城市国际形象、讲好城市故事的重大挑战时，将对话思维引入城市的跨文化传播实践中，是当前有效提升城市跨文化传播力、增强城市国际影响力的现实需求和有效途径。

那么，对话视角下的城市形象跨文化传播应该具有哪些特征和内涵？

---

① 陈戈.不同民族文化互动理论的研究：立足于洛特曼文化符号学视角的分析 [M].北京：外语教学与研究出版社，2009：9.

其一，"对话型"跨文化传播具有"双主体性"。对话的本质特点是主体间性。无论是人际传播、群体传播还是大众传播，要想建立平等的对话关系、在互动中取得良好的传播效果，就应重视和尊重传者和受者的主体性地位。无论是马丁·布伯的对话思想、巴赫金的对话理论，还是洛特曼的文化互动理论中所体现的对话精神，都强调了对话的平等性和双主体性。"对话型"跨文化传播预示着过去的单向传播关系已经转向"我—你"的对话关系，在传播的初始立场中，城市传播主体与海外公众之间不再是简单的"传者—受者"关系，而是追求共同参与、意义共享的"对话者"，所有对话参与者都是平等、独立的对话者。同时，"双主体性"也意味着城市跨文化传播的关注点需要从过去侧重对"信息/观念"本身的生产和传递转向作为交往主体的"人"。

具体到城市对外传播实践中，即作为东道国城市，在面向海外公众传播和推广中国城市形象时，无论是在传播内容的生产上，还是在传播方式、传播渠道、传播策略等要素的选择上，都需要在保持中国文化自我主体性的同时，给予对方足够的尊重和关注，包括对于对方的文化背景、语用习惯、媒介使用倾向等要素的独特性给予充分的包容和尊重。由于对话双方的地位平等，所以还需考量海外群体的差异性需求，尽量使各方利益平衡。

其二，"对话型"跨文化传播的目标指向不是"说服"，也不是话语的独白，而是在对话过程中双方基于开放、互相尊重、互相包容的态度，共同参与，不断进行磋商和调适，达成视域融合和相互理解，以获得双赢或多赢的结果。正如肯特和泰勒（Kent & Taylor）在研究网络对话传播时所强调，对话传播中可以存在不同的意见，对话本身就是不同意见和观点的交流，对话传播中也不存在主体与客体，对话的目的不是说服，而是通过信息的双向流通来建立开放的、可协商的沟通过程。①

其三，对话过程具有"双向沟通性"。对话与独白的主要区别在于，对话是期待对方回应，期待共同参与、互相表达与倾听。这意味着城市在对外传播实践中不仅要关注自我发声，还要倾听对方的声音，适当合理地给予海外公众一定的空间和机会来展示、叙述其母国文化的魅力，这是提高对方在城市跨文化传播中的参与度和卷入度的有效途径。

其四，对话传播具有"共享性"思维。针对"如何进行有效的对话"这一问题，戴维·伯姆提出了"共享思维"的观点，他把对话形容为"一条从人

① KENT M L, TAYLOR M.Building dialogic relationships through the world wide web[J]. Public relations review, 1998,24(3)：321-334.

们中间穿过的意义溪流"，具有"通过"和"意义分享"的特征，这种意义的分享就如同水泥，把对话参与者黏结在一起。① 城市对话传播中共享思维方式的引入，为对话中意义的对接、信息的流动带来了新的推动力，同时为城市对外传播活动中的跨文化交流带来新的生长点。

简而言之，中国城市在进行跨文化传播活动时，亟须"对话精神"的贯入，这样才能摆脱以往自我视角的"独白型"宣传，走向双主体视角的"对话型"跨文化传播，通过合作性对话（cooperative dialogue）、互惠性理解（reciprocal understanding），创造出相互理解的共同点，弥合因差异而造成的裂痕，从而有效避免民族中心主义、刻板印象、偏见和歧视等常见的跨文化传播障碍，实现在对话中传播、在传播中对话。

在我国以往的城市品牌和城市形象跨文化传播实践中，往往存在着以"自我视角"为导向的"劝服型"对外宣传模式，这种模式强调自我主体性，实践中并未解决在跨文化传播过程中因为文化文本差异、信息传受的不对称性而带来的文化偏见、文化误读和刻板印象等多种问题。当前互联网技术的快速发展，消弭了国家之间时空上的距离，使中国媒体有了更快速、更广泛地向全世界公众传递中国城市形象和城市文化的大好机会。但该技术只解决了信息的"可及"问题，外籍人士对我国城市形象和城市文化的接受、理解和认同度低，仍然是亟待解决的重大现实问题。城市形象的跨文化传播只有从现实生活出发，经由"对话的相遇"，才能促进文化间的相互理解、认可和尊重。接下来，笔者将在对话理论的视角下，基于杭州城市形象的跨文化传播实践和在杭外籍人士的实地调研，探讨杭州在对外传播中的经验和问题。

---

① BOLM D. On dialogue[M]. London & New York: Routledge, 1996：97.

第三章 "杭州故事"的自我建构与对外传播实践

第一节 "东方文化名城":杭州城市形象的自我叙事

一、杭州的城市形象定位变迁:从"区域性城市"迈向"世界名城"

一个城市的形象定位是一个城市发展目标的集中体现,也将高度反映一个城市的风貌特色和精神内涵,而清晰准确的城市定位能够为城市形象的自我叙事和传播指明发展方向。回顾杭州市历年来的发展目标和定位,可以清晰地看到历届杭州市政府对这座历史文化名城在形象定位上的探寻轨迹。杭州南跨吴山、北临运河、东南依钱塘江、西濒西湖,自古便以东方休闲名城的形象闻名于世,酒肆茶楼、艺场戏院、蜂站旅舍布满御街,层楼叠榭、楠木御舟,除了名满天下的西子湖美景,还有距今数千年之久的跨湖桥文化和良渚文化,城市旅游资源和文化资源丰富。21世纪以来,随着城市的发展定位的演变,杭州城市形象的定位也相应地发生变化,从2006年之前的有些零乱和分散的"天堂硅谷、爱情之都、会展之都、中国茶都"等单项性定位向围绕"品质之城"建设的系统性定位发展。

2007年,中国共产党杭州市第十次代表大会确定以"生活品质之城"作为杭州的城市定位和城市品牌,提出了"经济生活品质、社会生活品质、文化生活品质、环境生活品质、政治生活品质"五大生活品质内涵,与之相应地,杭州旅游行业的发展目标和品牌则被确定为"东方休闲之都品质生活之城"。2012 年，杭州市在"生活品质之城"的基础上，确立了"东方品质之城"的城市形象定位口号，提出了"厚重文化、高端产业、精致空间、人性交通、品质生活"① 五大内涵，使得以"休闲、品质"为内核的杭州城市形象定位逐渐稳固。2013 年，杭州提出建设"美丽杭州"战略目标，立意打造具有生态美、生产美、生活美的美丽中国先行区。

事实上，中华人民共和国成立以来，历届杭州市政府前后对杭州城市定位进行了多次调整，在学者苏永华统计的基础上，本书对杭州历年来的城市发展目标和定位做了进一步的梳理（表 3.1）。从 1953 年的"以风景休疗养为主的城市"到 2007 年国务院批复的"浙江省省会和经济、文化、科教中心，长江三角洲中心城市之一，国家历史文化名城和重要的风景旅游城市"，再到 2016 年国务院批复的《杭州市城市总体规划（2001—2020 年）》中提到的"一基地四中心"（以美丽中国先行区为目标，建设高技术产业基地以及国际重要的旅游休闲中心、国际电子商务中心、全国文化创意中心、区域性金融服务中心），杭州的城市形象定位不再是一个区域性城市，而是向着更具国际视野的"世界名城"迈进，一如中国共产党杭州市第十二届委员会第三次全体会议所提到的，杭州将以建设"独特韵味别样精彩的世界名城"作为接下来推进城市国际化建设的新目标。

表3.1　杭州历年城市形象定位

年　份	杭州历年城市形象定位
1999	游在杭州、学在杭州、住在杭州、创业在杭州，天堂硅谷
2001	休闲之都，中国女装之都，爱情之都
2002	会展之都
2004	东方休闲之都
2005	中国茶都，动漫之都
2007	东方休闲之都，品质生活之城
2012	东方品质之城
2013	美丽杭州：生态美、生产美、生活美的美丽中国先行区
2014	"Hangzhou, Living Poetry"（面向海外），"最忆是杭州"（面向国内）
2016	东方文化国际交流重要城市
2017—2022（后峰会时期）	独特韵味别样精彩的世界名城

---

① 苏永华 . 城市形象传播理论与实践 [M]. 杭州：浙江大学出版社,2013：172.

二、杭州城市国际化发展现状

早在 2008 年，杭州市就出台了《杭州城市发展六大战略》，正式提出发展城市国际化战略。2016 年，中国共产党杭州市委员会（以下简称"杭州市委"）通过了《关于全面提升杭州城市国际化水平的若干意见》，明确了杭州城市国际化的目标：到 2020 年，成为具有较高全球知名度的国际城市；到 2030 年，初步成为特色彰显、具有较大影响力的世界名城；到 21 世纪中叶，成为"具有独特东方魅力和全球重大影响力的世界名城"①，这也意味着杭州全面开启建设世界名城新征程。

2016 年 G20 峰会的成功举办成为一个明显的分水岭，杭州城市的建设与发展已经被推向一个新的阶段。在 G20 峰会开始之前，杭州市委在《关于全面提升杭州城市国际化水平的若干意见》中将"东方文化国际交流重要城市"作为未来的发展目标，为未来杭州在国际舞台上讲好东方城市故事、传递好中华文化明确了方向。2016 年，杭州成功成为"万亿"级城市，GDP 总值 11 050.49 亿，同比增长 9.5%，位居副省级城市的第二位，成为中国第十个 GDP 总量超过万亿元的城市，稳稳迈入国内城市第一方阵。②2018 年 1 月，中共杭州市委第十二届委员会第三次全体会议通过"加快建设独特韵味别样精彩的世界名城"的意见，表明了加速推进杭州城市国际化进程的决心。

在"后峰会、前亚运"阶段，杭州迎来国际化发展的窗口期和机遇期。通过申办多项重大国际化赛事，杭州迎来了继峰会效应后的重大国际交流契机：2018 年 12 月，杭州成功承办了第 14 届 FINA 世界游泳锦标赛；2022 年 8 月，在第 19 届亚运会、第 4 届亚残运会的共同见证下，杭州的国际化进程大步迈入一个加速提效的历史新阶段。

纵观近年杭州的城市国际化建设成果，主要在以下几个方面取得了较为醒目的成绩：一是在城市竞争力方面，中国社会科学院财经战略研究院等机构发布的《全球城市竞争力报告 2017—2018》显示，上榜"新型全球城市"50强的 6 个中国城市，除北京、深圳、上海、广州四个一线城市和香港地区，还有杭州其在 50 强中排名第 25 位；在全球经济竞争力指数排名中，我国深圳、

---

① 中共杭州市委.《中共杭州市委关于全面提升杭州城市国际化水平的若干意见》解读 [J]. 杭州（周刊），2016(13)：12-13.

② 杭州市投资促进局.GDP 突破 1.6 万亿，跻身全国前 8 背后，究竟是怎样的杭州 [EB/OL].(2021-02-09)[2022-01-05].http://tzcj.hangzhiu.gov.cn/art/2021/2/9/art_1621408_58891087.html.

香港、上海、广州、北京入围全球 20 强，杭州排名第 74 位。

二是在城市创业氛围与人才交流方面。杭州城市创新创业氛围浓厚，有特色小镇、众创空间、科创平台等多个创新载体和平台，拥有"天堂硅谷"的美誉。随着杭州市委市政府海外引才力度加大，杭州的常住外国人（持半年以上签证）人数也在持续增长，2016 年比 2015 年增长了近 3 700 人。2016 年，在人才净流入城市 TOP20 榜中，杭州以 8.9% 高居榜首。2017 年，杭州市的人才净流入率、海外人才净流入率均居全国城市首位。①

2017 年，杭州常住外国人在 16 000 人左右，其中人数最多的是留学生 8 900 人，其次是就业者，有 4 600 人。② 在 2021 年 10 月公布的"魅力中国—外籍人才眼中最具吸引力的中国城市"评选结果中，杭州位列全国第三，并连续 11 年入选该榜单。③

三是在大型国际会议、节事活动的组织方面。近年来，杭州加快推进会展业发展，并致力于打造国际会议目的地。2015 年，杭州更是跻身全球百强，并多次摘得"中国十大魅力会议目的地""中国最具创新力国际会议目的地"等行业殊荣；2017 年，杭州被评为"国际会展目的地示范城市"。在国际大会与会议协会（ICCA）每年发布的全球会议目的地城市排行榜上，杭州连续五年位居中国内地城市第三，仅次于北京、上海。④ 杭州市除了在本地定期举办西湖博览会、中国国际动漫节等国际性活动，还积极面向海外公众，通过策划全球事件来营销杭州城市形象，吸引众多海外公众的关注，提升杭州的国际影响力。G20 峰会过后，杭州成功承办了 2018 年世界短池游泳锦标赛和 2022 年第 19 届亚洲运动会，这些重大国际性赛事是杭州对外展现优质城市形象的重要契机。

四是积极引入了各种国际组织。为了实现成为国际化名城的目标，杭州

① 孙晨，江嘉宜.人才净流入率持续位列全国之首 逃离北上广杭州成为新目的地 [EB/OL].(2018-01-18)[2020-02-19].https://yq.zjol.com.cn/yqjd/201801/t20180118_6391270.shtml.
② 千帆.步入国际化,杭州还可以做点什么 [EB/OL].(2017-06-02)[2021-05-20]. http://news.youth.cn/jsxw/201706/t20170602_9942706.htm.
③ 杭州市发展和改革委员会.杭州连续 11 年入选"魅力中国——外籍人才眼中最具吸引力的中国城市" 榜单 [EB/OL].(2021-10-20)[2022-8-5]. http://drc.hangzhou.gov.cn/art/2021/10/20/art_1663816_58901520.html.
④ 浙江新闻网.又一个振奋人心的消息来了! 杭州旅游国际化进程再添新殊荣 [EB/OL].(2017-12-18)[2017-12-19].http://zjnews.zjol.com.cn/zjnews/hznews/201712/t20171218_6069394.shtml.

一直在积极争取国际组织入驻杭州或设立办事处等机构。从 1999 年我国首个国际组织总部——联合国国际小水电中心的入驻，到 2003 年我国首个世界性的产业中心——世界包装组织亚洲包装中心的入驻，再到 2012 年全球中小企业联盟等八家国际机构的入驻，2014 年联合国教科文组织驻杭州办事处的设立，杭州正在以开放包容的姿态一步步迎来更多国际性机构的进驻。

五是与海外城市的国际交流加强。截至 2021 年年底，杭州共有 31 个国际友好城市，遍布全球七大洲的 24 个国家，如美国波士顿市、匈牙利首都布达佩斯市、南非开普敦市、阿根廷卡拉法特市、意大利比萨市等。还有 38 个国际友好交流城市，遍布世界 26 个国家，比较知名的有国际机构云集的瑞士日内瓦市，意大利著名旅游城市威尼斯市，土耳其经济、文化、金融中心伊斯坦布尔市，美国电子商务和总部经济都十分发达的西雅图市等。2018 年通过的《杭州市城市国际化促进条例》将每年 9 月 5 日定为"杭州国际日"。

六是杭州旅游国际化水平加速提升。近年来，杭州以建设国际重要的旅游休闲中心为目标，积极向观光游览、休闲度假、商务会展、文化体验"四位一体"的综合产业转变。杭州近年来旅游目的地推广成效显著，在旅游总收入、入境旅游人数、旅游外汇收入等方面均位列全国 15 个副省级城市前三名。杭州市接待入境旅游者情况如表 3.2 所示。

表3.2 杭州市接待入境旅游者概况（2008—2018年）

年　份	外国人／人	港澳台同胞／人	合计／人	平均逗留天数
2008	11 543 665	669 654	2 213 329	2.73
2009	1 572 838	731 207	2 304 045	2.87
2010	1 878 528	878 619	2 757 147	2.94
2011	2 108 263	954 877	3 063 140	2.96
2012	2 298 763	1 012 462	3 311 225	2.95
2013	2 198 187	961 871	3 160 058	2.93
2014	2 254 866	1 006 471	3 261 337	2.93
2015	2 378 461	1 037 158	3 415 619	2.99
2016	2 556 247	1 076 005	3 632 252	3.14
2017	2 849 993	1 172 316	4 022 309	3.25
2018	2 990 183	1 214 056	4 205 063	2.80

G20峰会的成功举办，促使后峰会效应持续发挥，杭州城市国际化进程加快推进，旅游国际化水平不断攀升，入境旅游市场保持平稳增长。杭州市旅游形象推广中心和杭州市旅游信息咨询中心等相关单位在境内外积极举办各种文化推广活动，创新对外传播形式。例如，2013年在全球启动的一场东方文化的发现之旅——寻找"当代马可·波罗——杭州博士"活动，杭州作为第一个在四大海外社交平台（Facebook、Twitter、Pinterest、YouTube）上同时进行城市形象推广的中国城市，在短短数月就吸引了大量的国际粉丝；2015年启动的"2015杭州大使环球行"，海选草根大使代表杭州重走"一带一路"，沿途推广杭州旅游；2017年，杭州市委举办"杭州全球旗袍日"活动等。2016年，杭州入选《纽约时报》"世界上52个最值得到访的旅游目的地"，位列第16名，此次排名较2011年杭州初次上榜时的名次提升了17名。[①]2017年，由于"旅游对城市产生的积极而卓越的社会文化影响"，杭州市经联合国世界旅游组织确认，入选"全球15个旅游最佳实践样本城市"，这又为杭州成功增添了一张"国际金名片"。

2018年8月起执行的《杭州市城市国际化促进条例》，对杭州市的城市国际化目标、产业国际化、城市环境国际化、公共服务国际化、文化国际交流融合、保障措施等进行了新的布局和规划。杭州正在大步从全国性城市迈向国际化名城，未来的杭州不仅是深具国际影响力的"互联网+"创新创业中心，还将成为国际知名的会议目的地城市、国际会展之都以及亚洲地区重要的旅游休闲中心，最终成为肩负起东方文化国际交流重要使命的现代化城市。

第二节 杭州城市形象对外传播现状

要提高城市的国际知名度和美誉度，建设现代化、国际化大都市，杭州除了进一步提升城市软硬件设施，加快营造国际化的人文环境、生活环境、教育环境和商业环境，还应在现有基础上加大对外传播的力度。

---

① 千帆.杭州再入选《纽约时报》推荐的52个旅游目的地榜[EB/OL].(2016-01-15)[2020-07-16].http://zjnews.china.com.cn/Travel/48134.html.

一、以政府为主导、多界联动的"大外宣"格局

从 2006 年起，杭州市就已经设立了专门的政府机构"城市品牌工作指导委员会"来统筹规划、管理杭州"生活品质之城"城市品牌的建设、宣传等工作，其下还设有杭州生活品质研究与评价中心、城市品牌促进会等非营利性社会组织。在对外宣传方面，中国共产党杭州市委员会宣传部、对外宣传办公室等部门协同杭州外事、商贸、旅游、文化、教育等部门，共同形成了以政府为主导，企业界、媒体界、学术界等多界联动的"大外宣"格局，不断创新对外传播的路径和方法，提升国际友人的认同度；在推进旅游国际化方面，杭州市委、市政府早在 2004 年起就成立了相关工作领导小组，2015 年又设立了杭州市旅游休闲产业协调小组，次年，杭州市旅游委员会（以下简称"杭州市旅委"）设立了旅游休闲专业委员会，牵头推进杭州的旅游国际化进程。

近年来，除了积极组织知名国际会议和大型国际赛事，杭州正在努力以全球化的视野形成更大范围、更为立体多元的对外传播格局，并借力国际权威媒体以及各种海外新媒体平台、海外国际旅游公司等形成具有杭州特色的国际旅游营销体系，开展东方城市文化的全球化营销推广系列活动，同时在旅游服务、环境建设等多维度加快与国际接轨。

二、复合多元的对外传播手段

自 2004 年实施城市国际化战略以来，杭州市已经率先开始针对海外公众展开全方位宣传推广活动。杭州市在城市形象对外传播的过程中，除了使用文化交流、事件营销等方式，还使用了多元化的新老媒介平台和传播手段，从初期的开办外语报刊（外语栏目）、拍摄外语宣传片，到网络时代开设相关的外语门户网站，继而到新媒体时代，快速适应信息技术范式的变革，借助境外主流社交媒体等媒介进行对外传播。杭州正在努力融合传统媒体和新媒体的多重传播手段，以期共同建立一个多元化的对外传播体系。

一是在杭传统外语媒体，主要面向在杭州及杭州周边城市生活的外籍人士。杭州早期的外文媒体主要是英语类报纸杂志和广播电视节目，呈现出"一报一刊一版两栏"的格局：一报为《杭州周报》（*Hangzhou Weekly*），一刊为《漫步浙江》（*Intouch Zhejiang*），一版为《都市快报》的英文版《杭州一周》（*Hangzhou Weekly*），两栏为两档广播电视节目《英语速递》（*English*

Express）和《杭城周边》（*Around Hangzhou*）。

在国内城市中，除了北京、上海、广州、深圳极少数一线城市以外，杭州是较早开始探索创办地方英文纸媒的城市。早在 2001 年，《杭州日报》下午版在浙江率先推出了英语专版《新闻一周》，《每日商报》《都市快报》先后于2003 年、2004 年尝试过开设英语版块《双语风情》（*Bilingual Weekly*）、《杭州一周》。此外，还有创办于 2003 年的《漫步浙江》，其作为浙江省最早的英文综合性月刊杂志，以浙江上海一带的外籍人士以及国内的英语爱好者为目标受众群体，内容涉及当地的新闻、经济、文化、旅游、商务、娱乐消费等方面，常见于酒店、开发区、外企或城市消费娱乐场所；2006 年杭州举行世界休闲博览会期间，杭州市新闻办公室和杭州市旅游委员会联手创办了第一份杭州本地的英文版的城市生活周报《杭州周报》；2016 年，《杭州日报》创办了《杭州印象》（*Hangzhou Impression*），其专门服务于 G20 峰会期间与会的国外媒体及国际友人，抓住会议契机向世界讲述富有东方文化魅力的中国杭州故事。以上在杭外文媒体一般都没有实行市场化操作，如《漫步浙江》和《杭州周报》虽然是政府主办，但却仅在酒吧、餐厅等地可以免费获取，而中文报纸中夹杂的英文版对于外籍友人来说难以寻找，便利度和实用度欠缺。

总的来说，早期在杭英文纸媒大都由于缺乏专业人员、内容生产可读性不强、受众定位不太精准、英语采编能力不足、体制约束等，持续时间较短。此外，它们普遍存在着相似的短板，即发行力度和宣传力度均不足，很多初到杭州的外籍人士难以第一时间获悉其订阅或发行的信息，且由于受众定位精准度以及部分内容生产的专业度都存在一定的不足，导致其与外籍人士的实际生活关联度不高，吸引力不够。在宣传视角方面，早期英文媒体在内容组织、主题设计和语言措辞上较为偏向"传者视角"，与"内宣"模式风格类似，内容上具有明显的意识形态，一定程度上存在着受众覆盖范围过窄、运营市场化程度较低、与国际受众对话性不足等现实问题。但无可否认，创办英文媒体的同时，也拓宽了服务外籍人士、推广城市形象的新思路，使杭州的城市文化更加包容和开放，对于提升城市的国际化程度、树立良好的城市形象起到了有力的推动作用。

在英文广播电视媒体方面，杭州力量还较为单薄，广播节目方面除了较早时期经济之声的 *You and Me*（《你和我》），还有杭州人民广播电台的*English Express*（《英语直通车》），其在 FM89 和 AM954 两个调频定期播出[①]；

---

① 阮梦依. 在杭外文媒体调查 [J]. 新闻传播，2010(6)：134-135.

在电视节目方面，仅在杭州综合频道开设有专门的英文节目 *Around Hangzhou*（《走遍杭城》），节目内容以城市发展、日常生活等为主。在杭的外语报纸杂志和广电节目，主要以英语为主，侧重正面宣传，并且具有鲜明的杭州地方特色，主要服务于每年一度的"动漫节""西博会"，以及像国际友城"市长峰会"、世界旅游组织目的地管理会议、中阿合作论坛等重要涉外会议。杭州外语媒体具体情况如表 3.3 所示。

表3.3　在杭外语媒体（报纸杂志及广电节目）

	媒体名称	语种	发行频率	覆盖范围
报纸杂志	《都市快报》英文版《杭州一周》（*Hangzhou Weekly*）	英文	每周一版	以杭州地区为主，覆盖全省
	《杭州周报》（*Hangzhou Weekly*）	英文	周报	涉外酒店、外企、机场等公共场所
	《品味杭州》杂志	日文	双月刊	杭州涉外酒店等公共场所
	《上海日报》（*Shanghai Daily*）杭州专版	英文	日发行（周一至周五）	全国发行，主要覆盖长三角地区
	《杭州印象》专刊（*Hangzhou Impression*）	英文	G20峰会期间发行	G20峰会新闻中心和外媒下榻酒店
广电节目	杭州电视台综合频道《走遍杭城》（*Around Hangzhou*）	英文	每周一期，重播一次	杭州地区
	杭州人民广播电台 FM89 新闻频道《英文速递》（*English Express*）	英文	每周三期	长三角地区

二是境外新闻专稿及城市形象宣传片投放。城市宣传片历来是塑造和传播城市形象的重要手段之一，通过对特定城市景观及其城市文化资源进行影视化符码创作和再现，经由共识性的话语体系和科学的传播策略进行推送，对于增进公众认同效果具有非常重要的意义。早在 2007 年，杭州就开始在中央电视台英语频道接连投放城市宣传片，次年，杭州开始借力 BBC 等海外知名媒体平台推送城市宣传材料，并在 CNN 频道以美国总统大选直播等新闻热点作为契机推送杭州的城市形象推广片。①2011 年起，杭州市开始进一步扩展海外传播范围，专注开发北美、欧洲、澳新等重要的国际旅游市场；2011 年 1 月，杭州旅游形象宣传片《心中的神秘》在美国洛杉矶地区福克斯新闻频道等 6 个电视台播出，此前只有北京、上海等一线城市在美国密集投放过

城市形象片；2011 年 2 月 21 日，杭州聘请英国 BBC 团队拍摄制作的杭州旅游形象广告也在 BBC 黄金时段滚动播出。通过 2011 年媒体投放计划表粗略估算杭州旅游形象片的播放次数，光北美、欧洲地区电视媒体的播放次数就达到 9907 次。[①]

G20 峰会前后，城市宣传片的制作和境外推广数量更是达到了历史高峰。在 G20 峰会开始之前，杭州就已经开始进行预热，向 3 亿多欧美用户推送了多部精心制作的杭州形象宣传片，并在 44 个欧洲国家播出 359 次。[②] 官方推出的 G20 峰会杭州城市形象宣传片的具体内容如表 3.4 所示。其中，时长为 30 秒的《韵味杭州》城市形象宣传片在 BBC 等国际媒体平台播出，生动形象地展现了西湖、灵隐寺、西泠印社等丰富的杭州文化元素，该片仅在 2017 年 2 月 23 日至 4 月 5 日就播放了 5.42 亿人次。[③]

表3.4　杭州城市形象宣传片（对外传播部分）

宣传片名称	制作单位	时长／秒	播放途径	内　　容
《相约浙江》（G20 Hangzhou & Zhejiang）	浙江省人民政府新闻办公室	60	在 CNBC 电视台美国频道及欧洲频道播出	介绍浙江（包括杭州）的景观及经济发展
《韵味杭州》（Hangzhou：Ancient Capital，Modern City）	杭州市人民政府新闻办公室，杭州电视台	30	北美、欧洲和亚太同步播出	介绍杭州自然景观及文化资源等
《杭州》（Hangzhou）	杭州市委宣传部，杭州文化广播电视集团	900	在网络、央视外语频道等播出	以"历史文化名城，生活品质之城，如诗如画之城，创新活力之城，充满爱的城市"为主题内容

---

① 张蓉蓉.杭州旅游形象片在外国媒体上热播[N].每日商报,2011-02-17(6).

② 黄书君.多模态视角下城市形象宣传片的解说词翻译——以 G20 峰会杭州宣传片为例[J].宁波教育学院学报,2017,19（5）：94-98.

③ 董宇翔,何去非.当 G20 将杭州推向世界后 2017 年，世界怎么看杭州？[EB/OL].(2018-01-08)[2020-05-20].http://zjnews.zjol.com.cn/zjnews/hznews/201801/t20180108_6273775.shtml.

续表

宣传片名称	制作单位	时长/秒	播放途径	内 容
《欢迎来 G20 杭州》（Hangzhou）	杭州市旅委与 BBC 团队	15 或 60	通过 BBC World 在英国、德国、法国、意大利等欧洲国家播出	以动漫形式介绍杭州的风景与文化
《杭州映像诗》（Time-portrayed Hangzhou）	民间摄影师（程方、程晓）	480	在 YouTube 等互联网渠道播出	介绍杭州的自然人文景观

此外，杭州还积极地在境外主流平面媒体和境外主流网站投放海外专稿，加大杭州的海外推广力度。例如，2017 年杭州借助国家领导人访美的重要时机，在海外著名媒体上投放了两篇专稿：《杭州依托创新跻身中国"万亿俱乐部"城市》和《再访 2016 年 G20 峰会举办城市杭州："eWTP"推动杭州成为"网上丝绸之路"重要战略枢纽》，美国的《今日美国》以及《华尔街日报》、德国的《南德意志报》等境外媒体对这两篇专稿进行大篇幅报道。同时，杭州还通过亚洲网联盟机制，在哥伦比亚广播公司、俄塔社、奥地利通讯社、美国广播公司等亚太、北美和欧洲地区近 60 个国家的 540 余家国家通讯社、主流媒体和门户网站以 16 种语言对这两篇专稿进行转载宣传，仅网络访问量就超过 1.95 亿人次，极大提升了杭州的国际影响力。①

三是杭州本地外文网站。地方政府外文网站既是外籍人士获取城市信息的权威渠道，也是传播城市文化、塑造城市形象的有效途径。在城市国际化建设过程中，政府外文网站作为政府展示形象的窗口，往往具有对外文化传播、招商引资、满足辖区内外籍人士和海外公众信息需求等重要功能。2010 年 4 月，杭州市委对外宣传办公室（杭州市人民政府新闻办公室）与《上海日报》（Shanghai Daily）合作推出了杭州首个全英文城市对外宣传门户网站——"Hi Center"（www.hicenter.cn）。该网站以"境外人士了解、访问杭州的第一站"为目标定位，致力于全方位提供丰富多元的资讯信息，包括杭州新闻、游览观光、学习就业等信息，是向国内外公众全方位展示杭州城市魅力、推广杭州国际形象的重要窗口之一。

除了"Hi Center"网站停更以外，截至 2022 年年底，杭州市仍保持定期更新的主要官方英文网站有杭州政府英文网站（eng.hangzhou.gov.cn）、杭州

---

① 孙超，张刘卓，李旭峰，等. 后 G20 时代，用"四大传播"讲好杭州故事 [J]. 对外传播，2017(10)：69-71.

市文化广电旅游局的网站（https://wgly.hangzhou.gov.cn/en/）以及"杭州网"的英文版（en.hangzhou.com.cn）等。其中，杭州市文化广电旅游局的外语网站已经涵盖中文、英文、法语、德语及西班牙语五大语种。杭州市的旅游外语网群主要围绕网站平台的几大主题和类别展开，其范围囊括杭州当地新闻及吃、购、行、住、游等几个主要方面的讯息，不仅开设了留言窗口还开发了旅游行程自定义工具，外籍人士可以通过网站留言，亦可使用旅游行程自定义工具自行设计杭州行程，或者根据网站指引获取专业旅游顾问服务，既有效提高了网站的功能性，又提升了与用户的互动率。

杭州网作为杭州地区唯一经国务院新闻办公室批准的地方新闻门户网站，提供了英、日、韩三种外文版本的网站服务，但其外文版网站目前尚处于比较简单的日常新闻转发的阶段，其转发新闻来源多为《钱江晚报》《都市快报》。另外，杭州的部分知名景点如西湖、西溪湿地等也创建了独立的旅游景点英文网站"西湖网"（www.toxihu.com），但大多数此类网站目前只提供生硬简单的景点翻译，语种不够丰富，且尚未兼顾受众的文化图式、审美习惯和语用习惯，页面没有社交媒体的链接等，也很少提供实际的外语服务；在印象西湖等网站中，也没有为国际友人提供介绍和订票等服务。

中国信息化研究与促进网联合中国日报网等机构自 2012 年起连续 6 年组织开展全国政府网站外文版评估，依据《中国政府网站外文版国际化程度评估指标》，通过软件测评、单位自荐、专家评审和综合评估等多个环节对我国政府网站外文版建设情况进行了综合分析和研究。在其公布的"中国最具影响力外文版政府网站"中，杭州官方网站 2012 年起连续 6 年无一次上榜。可见杭州外文媒体的建设还有很大的提升空间。

此外，杭州还存在一些非官方的民间外文网站。笔者通过对在杭外籍人士进行调研发现，其中比较受欢迎的网站有杭州外籍人士网：HongZhou Expat（Hangzhouexpat.com）和"我爱杭州"网（www.moreHangzhou.com）。Hangzhou Expat 是成立于 2004 年的非营利组织，以英文在线社区与公众号（Hangzhou-Expat）为主要载体，其页面设计为不带图片的简约论坛风格，专为在杭生活的外籍人士共同交流资讯，发布求职、租房、娱乐信息所用；后者由一家名为《我爱杭州》的美食生活杂志所创办，该网站主要侧重为在杭外籍人士介绍当地的饭店、酒店、酒吧、文艺表演、艺术展览等信息，贴近外籍人士的真实日常需求，同时展现了杭州东方文化之都的魅力。由于是民间组织或个人自行创办，民间外文网站相对杭州市官方创建的几个外文网站而言，在内容和形式上不受体制的禁锢，所以更为灵活，且更贴近外籍人士的切身需求。

总的来看，目前大部分在杭外文网站已从早期简单发布静态简介型信息的网络媒体，向全媒体方向拓展，其内容更趋多元化、信息交互性更强、运营维护更为规范化。部分网站通过跟外籍专家和相关媒体组织深度合作，在生产网络内容时，不规范的中式英语明显减少，语言措辞和版块设置逐渐符合外籍人士的习惯。比如，杭州旅游委员会下设的外文网站，不仅涉及语种更为多样化，还创建旅游路线在线定制、留言墙等频道增加互动；在网站之外，有的还配套建设了相应的微信公众号平台，如"HiHangzhou""visithangzhou"等。

　　四是境外新媒体阵地的拓展。随着信息技术的快速更新，社交媒体已取代搜索引擎成为欧美主流媒体网站最大的信息来源。We Are Social 和 Hootsuit 联合发布的 2022 全球数字概览报告显示，全球使用社交媒体的用户人数已经达到 46.2 亿，接近世界总人口数的 60%。[①] 当前，新媒体具有传播迅速、覆盖范围广泛、信息海量、即时互动便捷以及用户可深度参与等超越传统媒体的优势，并凭借其高度的信息扩散能力和多向互动的全通性特征，越来越成为基于意识形态和国家利益之争的政治博弈平台，同时为中国城市形象和国民形象的传播提供了新平台和新契机。[②] 中外文化的巨大差异、海外公众不同的触媒渠道及习惯，以及我国传统外宣媒体在国际舆论空间相对弱势的现状，在一定程度上导致我们的对外传播话语体系与外籍人士之间仍然存在"对接"的问题，仅仅依靠我国的外宣媒体发力，难以解决国外媒体所呈现的片面的中国城市形象与中国城市现状之间的信息偏差与错位问题。我国城市亟须借助新平台和新阵地，在国际舆论场上自主地讲述中国城市的故事、发出自己的声音。以"东方文化国际交流重要城市"为目标的杭州，更加需要借助国际社交媒体平台讲述独特的杭州故事，再现东方古都的文化神韵，让海外公众对杭州城市形象和我们的东方文化形成更为完整和客观的认知。

　　传播渠道少、声音弱，一直是以往我国大多数城市对外推广工作中常见的问题，但是随着新媒体的崛起，越来越多的地方政府和旅游机构开始在海外社交媒体平台上开通了自己的账号，以展示地方自然景观和人文资源。表 3.5 为人民网海外新媒体工作室以粉丝量为排名依据，对中国地市的 Facebook 账号进行的排名。从表 3.5 可以看出，杭州在拓展对外传播网络、加强对外传播内容建设等方面行动积极，于 2012 年就率先开通了 Facebook 官方账号，成为

① 佚名.Hootsuite：2022 年全球网络概览报告 [EB/OL].(2022-02-23)[2023-04-07].http://finance.sina.com.cn/tech/2022-02-23/doc-imcwiwss2396096.shtml.

② 周庆安.当代国际传播的三重困境与策略性突围 [J].中国记者,2011(8):49-50.

国内最早在海外社交媒体平台开展推广宣传工作的城市，在2016年的统计中，虽然其粉丝量位列全中国城市第八位，但每周单条信息互动率远远超过前十名中的其他城市。2019年中国城市海外社交媒体账号发展报告显示，杭州的Facebook账号总点赞量（1 946 228个）、总关注量（1 895 849个）均已位列内地城市的前三名，仅次于北京和广州。①

表3.5 中国各城市Facebook账号排行榜前十名（2016年4月）②

排 序	地 方	粉丝数	开通时间	平均每周更新次数	单条互动率
1	山东（Visit Shandong）	567 218	2013.04.25	4	点赞：100 分享：12
2	湖南（This is Hunan）	287 717	2015.03.18	28	点赞：225 分享：95
3	北京（Visit Beijing）	269 752	2013.05.23	7	点赞：1361 分享：79
4	江苏（Jiangsu,China）	189 831	2015.11.24	28	点赞：12 分享：1
5	南宁（Beautiful Guangxi）	180 842	2014.08.06	14	点赞：76 分享：7
6	临沂（Visit Linyi-Shandong,China）	171 698	2015.08.09	5	点赞：100 分享：12
7	广西（Visit Guangxi-China）	159 716	2015.07.02	15	点赞：338 分享：34
8	杭州（Hangzhou,China）	142 595	2012.05.03	7	点赞：3831 分享：70
9	苏州（Visit Suzhou,China）	117 186	2015.01.21	11	点赞：472 分享：342
10	烟台（Visit Yantai -Shandong, China）	106 059	2015.08.11	4	点赞：64 分享：2

① 皮书数据库.2019年中国城市海外社交媒体账号发展报告[EB/OL].（2020-7-1)[2021-7-5].https://www.pishu.com.cn/skwx_ps/multimedia/ImageDetail?SiteID=14&ID=11771306&ContentType=MultimediaImageContentType.

② 姚春，任建民.中国各城市脸书账号排行榜（2016年4月）[EB/OL].（2016-05-04)[2017-06-07].http://usa.people.com.cn/n1/2016/0504/c241376-28322665.html.

实际上，迄今为止，杭州已经在 Facebook、Twitter、YouTube、Pinterest 境外主流社交媒体开通了海外账号，通过社交媒体平台加强与国际公众的互动与沟通，并积极辅助相关的事件营销推广，提升海外公众对杭州国际形象的认知和认同。几年来，杭州借助国内外几大主要的社交媒体平台，在全球范围内多次展开大型事件营销传播，在充分挖掘杭州当地历史文化资源的基础上，结合国外公众的兴趣偏好策划了"2013 当代马可·波罗——杭州博士""2015 杭州大使环球行""2017 杭州全球旗袍日"等国际交流活动，在社交媒体上引起广泛关注与讨论，对杭州城市形象的境外宣传起到了较好的推动作用，同时有效提升了杭州的国际影响力。其中，"2015 杭州大使环球行"活动在世界各地受到欢迎，三个多月就有超过 14 万人参与活动，"2018 杭州全球旗袍日"活动则在此基础上继续升级，将丝绸、旗袍文化与杭州山水深度结合，活动范围覆盖全球，成为杭州旅游新 IP（Intellectual Property，知识产权）。

目前，杭州在境外社交媒体上开设的官方推广账号主要有杭州市政府主管、《都市快报》运营的杭州对外传播官方社交账号"Hangzhoufeel"（韵味杭州），以及杭州市旅游委员会 2014 年起在 Facebook、Twitter 等境外社交网络平台开设的官方对外传播账号，在境外全面铺开宣传推广，粉丝量、转引量稳步提升，受关注度与日俱增，但其在各平台下辖多个账号，尚未形成整合力量。笔者在调研中发现，仅在 Facebook 平台上，杭州就下设了"gotohangzhou""Hangzhou tourism""Hangzhou, China"三个官方账号。

其中，杭州市旅委开设的海外社交账号发布的内容侧重自然及人文风景等旅游资讯。2017 年 6 月，在国际社会媒体开设的"Hangzhoufeel"（韵味杭州）则是一个综合性账号，以"A unique setting where history meets modernity"为基调，以"讲述杭州故事，传递中国声音"为定位，通过图文和视频形式，全方位、立体化地向世界介绍杭州的传统文化、科学技术、自然风景、民俗风貌等城市元素，尤其致力于向海外再现杭州在推进创新驱动、实施拥江发展战略、深化城市治理、加强文化和生态建设、建设东方品质之城等方面的举措和成果。

杭州的境外社交媒体账户作为小而美的新型外宣媒体，摒弃了宏大的单向宣传，更专注于杭州小而美的故事讲述，诸如传统民间技艺的体验与传承，或者普通民众的日常生活故事。此外，其在内容生产上更加注重与外籍专业人员共同合作，并运用文字、图片、视频和直播等多种媒介形式，针对海外受众的爱好兴趣，生产发布一些兼具国际视野和本土特色的内容，向世界呈现杭州的独特韵味和别样精彩，在国际舆论界发出属于杭州自己的声音，并取得了明显的效果。例如，杭州市旅委的"Hangzhou,China"账号在 2017 年 8

月发布了"Hangzhou will light up your night"（杭州点亮你的夜）小视频，在 Facebook 上获得 113 万的观看量（截至 2018 年 12 月）；"Hangzhoufeel"（韵味杭州）在 YouTube 上发布的杭州动物园熊猫过生日的视频，上线一周播放次数就达到 11 443 次，成为小爆款新闻。[①]

第三节　思考与总结：杭州形象对外传播的范式变迁

纵观杭州城市形象定位沿革和对外传播实践，可以发现近年来杭州的城市形象对外传播实践主要历经了三个阶段：初始阶段—协商阶段—对话阶段。当前，杭州正处于从"独白"迈向"对话"的重要转型时期。

一、初始阶段：自我"独白"式的对外宣传范式

虽然杭州在外宣媒体阵地建设方面起步较早，但从最早期的"一报一刊一版两栏"来看，出现了以"内宣"模式做"外宣"的宣传范式，意识形态色彩较为明显，内容选择、栏目设计和语言措辞上偏向"传者视角"，总体上呈现"以我为主、正面宣传"的风格。这个阶段存在着以下常见问题：一是报道质量参差不齐。部分外宣媒体栏目还停留或满足于报道有一定"量"的内容，对"质"的追求还比较欠缺，以中文思维开展外宣工作的现象比较普遍，"外宣"特质不明显。二是语言不够规范流畅。部分媒体存在中式英语倾向，请翻译公司直接翻译中文稿，有时翻译质量不高。三是结构排版设计等需要加强。有的媒体版式设计、字体等不符合外语媒体惯例，不够美观大方和图文并茂。四是对外传播面和传播效果有待改进与增强。部分节目、栏目制作出版周期较长，篇幅较短小，内容和发放范围偏窄，致使对外宣传作用受到限制。[②]总的来看，

---

① 孙超,张刘卓,李旭峰,等.后 G20 时代,用"四大传播"讲好杭州故事[J].对外传播,2017(10):69-71.

② 杭州市委外宣办.加强杭州市外宣媒体阵地建设的调研与思考[J].对外传播,2010(4):27-29.

杭州对外宣传初期呈现出"自我视角"化的自我独白式传播趋势。

二、协商、调适阶段："受众视角"的开启

2012 年，杭州在全国率先启动境外新媒体营销策略，在 Facebook、Twitter、YouTube、Instagram、Pinterest 等境外主流社交媒体开通海外旅游账号，主动加强与国际公众的互动与沟通，这也标志着杭州在城市形象对外传播实践中"受众视角"时期的开始。在这个阶段的对外传播工作部署中，杭州市旅游委员会开始与专业的海外形象推广团队合作，并在对外传播团队中大幅度增加了外籍人士的数量，倾听和关注海外受众的需求，从与城市相关的照片的拍摄、视频的制作、语言文本的设计到城市形象的传播渠道和方式，都有外籍专业媒体人士的加入。但笔者在实地调研中发现，以外籍人士为文本内容主要生产方，实际上也存在一定的弊端：推广团队中缺乏深谙中国文化底蕴且跨文化素养较高的专业的中方人员，而大部分外籍人士中文程度不高，对中国文化的了解尚处于浅显的表层，由于文化差异较大，对地道的中国文化及历史了解得并不透彻，难以充分展示丰富的东方城市文化内涵，导致在一定程度上存在着中国话语的失力、东方文化内蕴展示不专业和不充分的情况。而对话的完成更需要的是跨文化沟通双方进行平等合作式的互动与沟通。

三、对话阶段：后 G20 时代的跨文化对话转向

2016 年，G20 峰会的成功举办将杭州推到了全世界主流媒体的聚光灯下，有效提升了杭州的国际知名度，也标志着杭州对外传播历程已经进入平等互惠的"对话"式传播阶段。杭州的城市管理部门正在努力转向"对话视角"的双向文化互动，主动加大对外籍人士的调研力度，重视倾听在杭外籍人士的需求，积极改变过去以政府为主导力量的单一型对外传播格局，鼓励和支持高校、企业、民间组织以及个人加入城市传播主体队伍，增加自下而上的民间视角。

一是在平等、相互尊重的基础上，注重强化主体间的对话和互动，积极创造"深度文化体验"的机会，提高国际受众的认同度和参与度，如 2017 年，杭州发布了全国首个访问点领域的地方标准——《社会资源国际旅游访问点设置与服务规范》（DB 3301/T 0208—2017），对访问点的设施、环境、服务与

管理等具体细则作出了规定，并根据该标准推出了西泠印社、古荡农贸市场、杭州王星记扇业有限公司、广兴堂国医馆等 40 个成熟的标杆社会资源国际旅游访问点，让杭州的外籍人士有机会进行"参与式观察"，获得对东方文化魅力的"在地式"体验。

二是杭州在不断地提升自身的城市国际化服务水平。笔者在调研中发现，2017 年杭州政务服务，推出的"最多跑一次"服务在外籍人士中获得好评。此外，杭州城市管理者也加强了对外籍人士的调研，倾听其切身需求，并积极给出回应，努力提升和改善地方外语媒体的服务功能，不把外语网站视作单纯的面子工程，而是切实遵循以用户为中心的理念导向，从传统网站管理思维逐步向"平等性""沟通式""服务性"国际化思维过渡，在语言、内容、功能等各方面都努力契合外籍人士的需求和习惯。随着杭州国际影响力的逐渐提升和国内外新媒体技术不断发展，为更好地满足国内外游客的旅游需求，杭州市旅委构建了杭州旅游多语种网站群，并在 Facebook、Twitter 等境外社交网络平台积极开展了海外社交媒体营销。2018 年 3 月，杭州市旅委重点开发了杭州旅游德文网，在建站过程中，特邀数十位德籍人士全程参与杭州旅游德文网的需求调研、页面设计、文字翻译等工作，让网站能够最大限度地满足游客需求。同时，为提升德文网站境外访问速度，杭州市旅委更在德国架设了海外镜像服务器，确保德国访客能够快速浏览网站，打造一个符合德国人浏览习惯的杭州旅游网站。

笔者在调研中发现，杭州本地当前现存的外语媒体中，传统媒体如纸质外语媒体已几经换代、所剩无几。杭州本地的外语网站，目前保持更新的主要有政府官网及旅游网，多种复杂的原因导致网站内容目前仍然存在与外籍人士"对话"并不充足，深入调研不充分，外籍人士实际利用率不够理想的情况。在加快打造世界一流的社会主义现代化国际大都市的关键时期，如何有效增强城市的跨文化传播能力，提升外籍人士对杭州城市形象的认同度，使"东方文化名城"的国际形象真正实现，对杭州而言具有重要的现实意义，对国内其他城市的形象推广实践也有着重要的参考意义。

接下来的一章将通过语料库分析的方法，对杭州形象在海外的他者化媒介再现进行深入分析，以探寻提升城市跨文化沟通能力，实现跨文化认同的有效途径。

第四章 "镜中之城"：杭州城市形象的他者化媒介再现

第一节 媒介真实与公众认知

在媒介传播技术日益发达的今天，人们对外在客观世界的感知，通过传媒所获得的认识，已经远远超过其亲身经历。国外公众对我国城市形象的看法和评价不可避免地受到其母国媒介环境的影响，媒介传播赋予了公众对城市形象的先验认知，即符号学中所言的超真实，这种由传播符号所构建的"媒介真实"（media reality）使公众在潜移默化中接受并相信媒介所再现的城市形象，而不再关心真正的城市形象本源如何。在这些被构建的媒介真实背后，卷入的还有话语的政治、权力和利益的博弈，作为媒介内容生产者的外国媒体，也是媒介符号权力的掌握者，并由此决定中国城市的"媒介真实"如何建构以及如何可见。①

整合营销传播专家舒尔茨等在其著作中曾提出认知（perceptions）的重要性远远超出事实（facts）的观点：事实上，消费者在作出购买决定时，愈来愈依赖认知而非事实，他们作购买决策的根据往往是他们自认为重要、真实、正确无误的认知，而不是具体的、理性的思考或斤斤计较后的结果。② 而公众对某一城市进行形象认知时更倾向于接受最先被其所感知并且接受的印象，即

---

① 刘晶．"他者"镜像下中国教育的媒介形象嬗变——基于 BBC 纪录片《中式学校》的框架分析 [J]．中国广播电视学刊,2017(6)：91-94.

② 舒尔茨,田纳本,劳特朋．整合行销传播：21 世纪企业决胜关键 [M]．北京：中国物价出版社,2002：35.

"先入为主"与"既成事实"效应，这一认识一经确立，就会成为一种相对顽固的"既成事实"，不会轻易动摇，而且会在一定程度上排斥或是影响人们对城市形象真实状况的感知。而媒介的议程设置（agenda-setting）理论恰恰揭示了媒介报道对公众注意力以及舆论导向的影响力，无论城市的现实状态如何，媒介都只报道对其有利的内容，大众媒介在议题上的选择和忽略，直接影响着观众的注意力分配秩序和态度倾向，最终导致媒体重视什么，公众就关注什么。因而在对外推广实践中，只有了解我国城市形象在海外媒介中的媒介形象呈现，以及海外公众主观认知的城市形象，才能进一步明确今后对外传播的方向和重点，有的放矢地调整对外传播策略，提升城市形象的对外传播能力。

海外公众认知的城市形象在很大程度上受西方主流媒体呈现形象的影响。因此，研究海外主流媒介的涉杭舆论对客观研判杭州的国际舆情、科学评估杭州国际形象传播现状、促进杭州提升城市跨文化传播能力具有重要的现实意义。本章将以杭州为样本，聚焦其城市国际形象的海外媒介再现图景。

第二节　杭州形象的海外媒介再现图景：基于 NOW 语料库分析

近年来，借助对西方国家主流媒体报道的文本分析来对中国特定城市国际形象展开的研究已经在国内如火如荼地进行。其研究方法和路径往往是针对某些主题进行细致解读，进行较为深入的分析，但是由于样本的局限，以及传统定性研究方法的结论，也产生了诸多争议，传统的媒体话语分析研究多基于单个或少量文本，且往往是就特定国家的某个特定媒体的文本内容进行分析，难以对研究对象进行一个宏观而整体的考量，也容易忽略掉不同媒介呈现中的历时性变迁过程和累积效应。如今，语言学的语料库研究方法开始慢慢被引入传播学领域，用于媒介话语分析，利用检索引擎对研究主题词进行由"点"到"线"再到"面"的语境扩展分析，并通过对检索词的搭配词条和意义模式的分析来考察其话语和意义的建构情况。

过去由传统定性分析方法得出的研究结论往往因为样本小、数据较少导致存在争议，而体现大数据思维的语料库研究方法为考量特定区域的国际形象提供了新的路径，不少国内外学者开始尝试结合语篇分析和大样本的定量分析，对特定区域或特定人群的形象进行深入探讨。例如，邵斌、回志明通过提取西方媒体对中国梦的英文报道，自建中国梦语料库，通过索引行、搭配网络等语料库分析手段，从实证的角度探索西方媒体对中国梦的解读、评价和话语建构①；杨娜、吴鹏以《纽约时报》近三十年对华女性报道为研究对象，以基于语料库的批判话语分析为研究方法，从新闻话语的微观语言结构、话语风格和修辞策略上进行探讨，再现了美国主流媒体对华女性的话语身份构建②；李静利用语料库分析工具对2011至2015年英国媒体有关中国经济发展的新闻报道进行话语分析，探索英国媒体对"十二五"期间中国经济话语构建的态度倾向，并分析这种倾向背后的意识形态及社会原因③；张艳敏基于语料库语言学分析方法，选取美国当代英语语料库（COCA）中1990—2012年涉及江苏的语料，通过词频、索引等定量分析和话语意识形态的定性分析，借此剖析美国媒介对江苏的形象建构。④总体而言，当前通过语料库方法对国外主流媒介舆论场所构建的中国城市形象所进行的研究仍然较少，基于语料库方法的杭州相关研究，国内目前也相对缺乏。但有些学者对此方面进行了研究，如柴改英等人通过对杭州市政府英文官网的在线文本自建旅游外宣语料库，并对外国受众进行接受度调查⑤；耿芸等人以G20 Hangzhou summit为关键词建立了中外媒关于G20杭州峰会报道的2个微型语料库，并在其中以China为核心词检索预制语块，对比分析中外媒体对G20杭州峰会关注焦点的异同以及所折射的价值取向。⑥目前，通过语料库对海外多国主流媒介的报道对杭州城市形象媒介再现图景进行的研究尚无。

鉴于此，笔者从大型国际语料库中收集近年来英国、美国、新加坡、澳

---

① 邵斌，回志明.西方媒体视野里的"中国梦"——一项基于语料库的批评话语分析[J].外语研究,2014(6)：28-33.

② 杨娜，吴鹏.基于语料库的媒介话语分析——以《纽约时报》对华妇女报道为例[J].国际新闻界，2012，34（9）：48-58.

③ 李静.语料库辅助分析英国媒体视野中的中国经济话语构建[J].外语学刊,2018(3)：52-57.

④ 张艳敏.美国多元媒介中的江苏国际形象研究——基于COCA语料库的实证分析[J].江苏科技大学学报（社会科学版），2016，16（3）：86-94.

⑤ 柴改英，陈程，刘佳丽.杭州市政府旅游英文外宣的接受度研究[J].湖北函授大学学报，2016，29（20）：71-72，75.

⑥ 耿芸，丁洁.中外媒报道语料的China预制语块对比研究——以G20杭州峰会为例[J].渤海大学学报（哲学社会科学版），2017，39（5）：97-100.

大利亚等国家的主流媒介的杭州相关语料，并通过节点词频数、共现词及显著搭配词的统计分析，结合节点词的上下语境，探讨海外主流媒介中涉杭新闻的关注点及话语特征，并据此分析国际舆论场上构建的杭州城市形象。

一、语料来源及研究方法

为了确保研究语料来源的范围和质量，本研究选用线上新闻语料库 NOW（news on the web）语料库，其来自国外著名的大型语料库——美国杨百翰大学（Brigham Young University）开发的语料库系列，该系列现在已有 13 个大型英语语料库和 2 个非英语语料库。NOW 语料库是迄今为止以全文格式提供的最大的语料库，收录了自 2010 年起到现在，仍然在更新来自 20 个不同国家和地区的超过 59.5 亿的词、600 万的语篇和网页。这 20 个不同国家和地区中，除了香港地区以外，其他 19 个国家分别为美国（US）、加拿大（CA）、英国（GB）、印度（IN）、澳大利亚（AU）、爱尔兰（IE）、南非（ZA）、尼日利亚（NG）、新西兰（NZ）、新加坡（SG）、马来西亚（MY）、菲律宾（PH）、巴基斯坦（PK）、加纳（GH）、肯尼亚（KE）、斯里兰卡（LK）、孟加拉国（BD）、坦桑尼亚（TZ）和牙买加（JM）。限于篇幅，表 4.1 只列举了美国、英国和印度 3 个样本国的前十种语料来源。

表4.1　美国、英国和印度的前十种语料来源

国　别	语料来源	词条数
美国	*Huffington Post*《赫芬顿邮报》	27 419 174
	NPR（美国国家公共电台）	16 376 983
	CNN（美国有线电视新闻网）	13 616 248
	The Atlantic《大西洋月刊》	12 074 590
	Time《时代周刊》	9 611 253
	Los Angeles Times《洛杉矶时报》	8 545 510
	Wall Street Journal《华尔街日报》	6 743 548
	Slate Magazine《板岩杂志》	6 479 382
	USA Today《今日美国》	5 933 446
	ABC News《ABC 新闻》	5 846 492

续表

国别	语料来源	词条数
英国	The Daily Telegraph《每日电讯报》	83 247 627
	Daily Mail《每日邮报》	81 087 751
	The Guardian《卫报》	50 117 180
	The Independent《独立报》	31 774 571
	BBC News（英国广播公司新闻网）	22 848 848
	Daily Mirror《每日镜报》	11 387 233
	BBC Sport（BBC 体育）	7 570 786
	Financial Times《金融时报》	6 920 940
	Daily Express《每日快报》	6 006 755
	Den of Geek（极客之家网）	5 451 219
印度	Times of India《印度时报》	82 718 028
	The Hindu《印度教徒报》	32 369 788
	Livemint（Livemint 新闻网）	16 807 259
	espncricinfo.com（板球新闻网）	15 243 977
	The Indian Express《印度快报》	12 635 558
	Economic Times《经济时报》	11 978 422
	Daily News and Analysis《印度每日新闻评论》	11 744 583
	Firstpost《第一邮报》	11 243 220
	Rediff（雷迪夫新闻网）	9 919 162
	NDTV（新德里电视台）	9 184 669

　　NOW 语料库每天晚上 10 点开始自动运行脚本抓取数据，从谷歌新闻获取 URL，并使用 HTTrack 下载 9000 ～ 10 000 个网页，用 JusText 清洗数据，然后用 CLAWS7 把词条按屈折变化形式（或异体形式）进行归类并加以标记，再将它们汇集到现有的相关数据库中。NOW 语料库时间跨度较大且语料充足，而且其数据基本涵盖了科技、娱乐、体育、政治等主题类别。因此，运用该语料库来考察和分析杭州近年来的国际媒介形象，在主题覆盖上相对比较全面，且能在一定程度上弥补样本量不够的缺陷，使分析结果更具代表性、科学性。

二、节点词频数统计及分析

该步骤主要针对节点词"Hangzhou"2010—2022年在多个国家和地区网络新闻中的分布情况，并通过主题词在文本语境中的前后搭配词语的频次和语义的统计与分析，得出国际网络新闻媒介中杭州的城市形象及8年间的历时变迁情况。具体方法如下：通过NOW语料库检索目标语料库，抽取节点词"Hangzhou"2010—2022年在19个不同国家主流媒体中的数据自建语料库，并对其词频分布情况进行历时性分析，如图4.1所示。图中FREQ是frequency的缩写，代表出现的次数，为"杭州"在目标语料库中的实际出现频数，PER MIL代表per million（每百万），即表示目标词在该语料库每一百万词中出现的次数，即标准化的频数。在此项研究中，主要比较PER MIL的数据，杭州的标准化频数由2010年的1.31发展到2015年的1.09，虽有小幅度波动，但总体来看呈稳定发展趋势，2016年爆炸式增长至4.35，后逐渐回落至2022年的0.7。

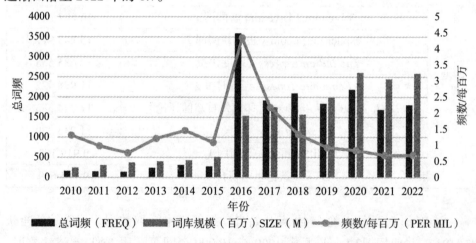

图4.1 节点词"Hangzhou"分时段词频数分布（2010—2022）

从节点词总词频数来看，2010—2017年这8年间杭州在海外媒体中的出现率呈稳定增长趋势，2010年节点词出现频次为161次，2015年已经增长至278次，2016年出现爆发式的增长。由于G20峰会的举办，以及近年来杭州市对外推广力度的加大，杭州在国际媒体上的知名度和曝光度有了明显的提升，2016年度出现频次达到历史最高峰，为3592次，2017年起虽然出现回落，2021及2022年频次稳定在1800次左右，相较2015年以前仍然保持着较高的国际关注度。

这种新闻报道频次上的增长趋势表明，国外民众和媒体对杭州的关注近年来一直在稳定提升，这既与我国综合国力的提升有关，也表明随着杭州近年来城市国际化进程的快速推进，杭州市举办国际展览和组织大型会议的频率提高，对提升杭州在国外媒体舆论场的热度有着重要的推动作用，同时由图 4.1 可以看出 2016 年以来杭州国际影响力的迅猛上升，在很大程度上离不开 G20 峰会的成功举办。

图 4.2 呈现 2010—2022 年杭州在不同国家主流媒体的出现频次及其分布状况。

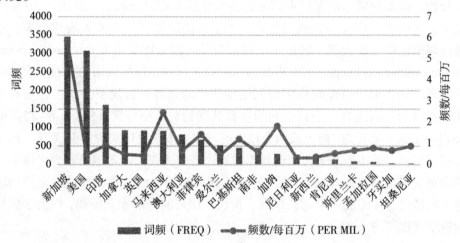

图4.2 "Hangzhou"分国别词频分布情况（2010—2017）

由图 4.2 可见，新加坡对杭州的关注度最高，其次为美国、印度、加拿大、英国、马来西亚、澳大利亚等国家，孟加拉国、牙买加和坦桑尼亚对杭州的关注度最低。新加坡作为以华人为主体的国家，由于地缘的接近性和文化亲近性，对中国大陆的关注是与生俱来的，而其作为亚洲金融中心，也拥有远超其他地区的信息来源，所以对于杭州报道的相对较多。紧跟其后的印度一直把中国作为其最大的邻国与竞争对手，与中国的经贸方面保持着一定的联系，对于中国的关注比较密切。加拿大、澳大利亚、美国、马来西亚与菲律宾等国均把中国当成最大贸易国，因此对于中国东部地区经济的崛起较为关注，对于杭州这种 GDP 已经达到万亿的新一线城市的发展也较为敏感。此外，亦可能与杭州市旅委近年来一直以欧美地区为主要外宣目标区域有关。而其他国家，或由于政治体制、意识形态、文化交流或经贸往来的限制，或在地缘上距离较远，因而对杭州缺乏了解和关注，这也从一个侧面说明了杭州在国际舞台上的知名度和国际影响力还有很大的提升空间。

三、节点词的词语搭配研究

语料文本指的是连续的文本或话语片段，而不是孤立的句子或词语，可以借此获得语法关系、用法、词语搭配以及语篇信息。基于语料库驱动下的词语搭配研究一直是学者们研究的热点，其有助于对词语的语义韵和语篇的意义分析。搭配的概念最先由英国语言学家弗斯（J.R.Firth）在20世纪50年代提出，弗斯指出词义不仅通过音素、词素、语法形式、语境等表达出来，还通过词语的搭配来表现，理解一个词需要看它的结伴关系（You know a word by the company it keeps.）。[①] 根据弗斯的定义可知，搭配词指的是与一个词结伴共现的词，词语搭配则指词与词结伴使用的这种语言现象，是一种具有高度因循性的词语组合，是词语间的典型共现行为。辛克莱（Sinclair）将搭配（collocation）定义为"两个或两个以上的词在文本中短距离内的共现"[②]。该定义相当宽泛，适用于基于大型语料库的词语搭配研究。学者卫乃兴则将搭配的概念定义得更具可操作性："在文本中实现一定的非成语意义并以一定的语法形式因循组合使用的一个词语序列，构成该序列的词语相互预期，以大于偶然的概率共现。"[③]

本节采用的研究方法主要是基于在线版NOW语料库的词语搭配研究方法。在研究中，笔者将运用统计手段抽取典型词语搭配的两种主要方法：①统计搭配词与关键词的共现频数；②统计测量共现词语间的MI值（mutual information score，互信息值）。具体步骤如下：首先，在检索页面以"Hangzhou"作为主题词，查询条件区（sorting and limits）设为词频查询（word frequency），最小值（minimum）设为频次（frequency）为1，检索时间段设为2010-01-01至2022-12-31，通过检索获取该时间段内含有主题词"Hangzhou"的所有文本，建成目标语料库。其次，分别对各国媒体呈现的杭州城市形象分时段、分

① FIRTH J R.Papers in linguistics 1934-1951[M].Oxford: Oxford University Press, 1957:181.

② SINCLAIR. J. Corpus, concordance, collocation[M]. Oxford: Oxford University Press, 1991: 170.

③ 卫乃兴.词语搭配的界定与研究体系[M].上海：上海交通大学出版社,2002:100.

国别地进行节点词频数统计分析（2010—2022年）；在此基础上，通过词语搭配研究方法进行进一步的统计分析，提取语境中节点词的高频共现词，结合其 MI 值的高低确定海外网络新闻中"Hangzhou"的显著搭配词语。最后，通过对高频词和显著搭配词的综合分析，再结合 KWIC（key word in context，上下文关键词）所在语境，描摹出作为"他者"的杭州在境外媒体中的媒介再现图景。

（一）节点词的搭配词频数统计

在基于语料库数据的词语搭配研究中，辛克莱等学者建立了一套完整的概念体系和方法，包括节点词、跨距、搭配词和统计测量手段等。节点词（node word）即研究人员根据具体研究目的在语料库中所确定的关键词，以便对其搭配行为进行重点观测，如本节的节点词是"Hangzhou"；跨距（span）指由节点词左右词项构成的语境，以词形为单位计算，不包括标点符号。[①] 跨距常用 $-N/+N$ 等表示，即指在节点词左右各取 N 个词作为其语境，所有在跨距内的词项都可视作节点词的搭配词（collocates）。要统计某一节点词（node word）的搭配词在语料库中出现的频数，首先要对节点词进行带有语境的检索（KWIC），其次提取节点词在一定跨距内与之共现的所有词项，最后统计其共现词的频数。只有在语料库中与节点词共现达到一定次数的词项，才有可能成为节点词的习惯性搭配词。

语料库驱动的词语搭配研究主要看的是节点词的显著搭配词，通过统计学的原理概括出词项的典型搭配程度。这种方法不需参照传统的语法框架，而是根据与之在一定物理环境内共现的显著搭配词项进行研究，虽然所提取、计算和检查的搭配词不一定都和节点词具有语法上的相互限制关系，但它们的语义特点却揭示了节点词语境内所弥漫的语义氛围。本研究所采用的计算方法参照了里希纳穆尔蒂（Krishnamurthy）对搭配的理解，即"有意义的搭配词是指在被研究词的两侧5个词的范围内出现频数比按均匀分布所期望出现的频数高得多的词"[②]。因而，笔者在检索时把"Hangzhou"作为节点词，将跨距定为 $-5/+5$，即选取节点词左边和右边5个词语作为该节点词的语境，通过在2010—2022年的目标语料库中对节点词的搭配词进行搜索和统计，发现节点词"Hangzhou"在 $-5/+5$ 跨距内的共现词共有1727个，表4.2显示的是频数

---

① 卫乃兴. 语义韵研究的一般方法 [J]. 外语教学与研究,2002（4）: 300-307.

② Krishnamurthy,R.The process of compilation [A] // .SINCLAIN J MLooking up: an account of the COBUILD project in lexical computing[C].London: Collins ELT,1987: 70.

最高的 20 个共现词语。

表4.2　节点词"Hangzhou"在目标语料库中频数最高的30个共现词（2010—2022）

序号	共现词	词频	序号	共现词	词频	序号	共现词	词频
1	China	3 907	11	Headquarters	357	21	Suzhou	162
2	Zhejiang	1 229	12	Shenzhen	356	22	Wuhan	158
3	Summit	1 149	13	Guangzhou	326	23	Spark	155
4	G20（&G–20）	1083	14	2022	304	24	hotel	146
5	Eastern	826	15	Nanjing	260	25	E-commerce	135
6	Shanghai	782	16	Chengdu	257	26	Ningbo	128
7	Games	741	17	Lake	226	27	Xi	125
8	Beijing	516	18	Leaders	219	28	Greentown	120
9	Alibaba	481	19	digital	219	29	airport	112
10	technology	452	20	Hikvision	196	30	Xiamen	95

笔者根据既往研究发现，通过共现词的频数确定搭配词的方法存在一个明显不足：由于界定跨距时忽略了句子的界限，有的共现词进入跨距内可能只是由语言使用的某种偶然因素造成的，因而称为"偶然搭配词"。仅仅根据共现频数的高低，还无法确定一个共现词是否为显著搭配词。为了排除偶然搭配词，获取特定的语境内与节点词构成显著性搭配的词语，笔者还需要运用统计测量的方法，检验每一个共现词与节点词之间的相互预见和相互吸引程度，判断它们的共现在多大程度上体现了词语组合的典型性。

（二）基于显著搭配词的杭州媒介形象分析

在基于语料库的搭配词语研究中，测量共现词显著性的常用手段之一就是"MI 值"的计算：MI 值主要通过测量共现词的非随机性（non-randomness）来体现词语搭配的显著性。在词语搭配研究中，MI 值指的是在一个语料库中共现的两个词语中，一个词语对另一个词语的影响程度，或者说一个词语出现的频数能够预测或提供另一个单词出现概率的信息。[①]MI 值的大小可以清楚体现节点词和共现词之间相互吸引程度的高低，或者说连结关系的强弱，即

---

① 邓耀臣 . 词语搭配研究中的统计方法 [J]. 大连海事大学学报（社会科学版），2003(4):74–77.

MI 值越大，节点词对其词语环境影响越大，对其共现词吸引力越强，两个词之间的搭配度越高。互信息值可以为正值或负值，如互信息值为负，则表明两词之间出现互相排斥的现象，即两词不倾向于在一定语境内共现。学者霍斯顿（Hunston）指出，在实际操作中，可以将互信息值 3 作为临界值，而互信息值大于 3 的搭配词可视作强搭配词。[①]MI 值可以帮助我们确定把哪些词作为节点词的显著搭配词，从而加以重点研究。但是，互信息值算法也存在一个明显不足，即互信息值高的搭配词不一定意味着与节点词共现的频数就高。

共现词频数统计或 MI 值计算作为显著搭配词的两种筛选手段，各有其局限性，为了避免将低频词当作强搭配词语，笔者将综合节点词 "Hangzhou"于 2010—2022 年在目标语料库中的共现词的频数与其互信息值（表 4.3）一起来考量。具体操作时，笔者首先将节点词在 –5/+5 跨距内的共现词按照词频排序，时间段设置为 2010-01-01 至 2022-12-31，抽取词频数最高的前 30 个共现词。其次，笔者按照其互信息值大小进行倒序排列，即获取 MI 值大于 3 且实际共现频次高的词语作为显著搭配词。最后，对数据进行相应清查整理，如 G20 与 G–20 等同义词或近义词的调整合并等，再通过综合考量常用搭配词的特点，分析海外媒体新闻中对杭州的关注热点及对杭州城市形象的媒介再现图景。如表 4.3 中所示，在词频数最高的前 30 个共现词中，与 "Hangzhou"共现的 MI 值最高的是 "杭州绿城足球俱乐部 Greentown"（13.64），最低为 "数字 / 数码 digital"（3.36）因此，可以认定这些词语与杭州之间有较强的连结关系，能构成典型搭配。

表4.3 节点词 "Hangzhou" 出现频数最高的 30 个共现词的MI值（2010—2022）

序号	共现词	词频	序号	共现词	词频	序号	共现词	词频
1	G20（&G–20）	20.92	11	Shenzhen	9.86	21	Headquarters	6.45
2	Greentown	13.64	12	Alibaba	9.37	22	E-commerce	6.14
3	Hikvision	13.28	13	Shanghai	8.8	23	Xi	5.59
4	Zhejiang	13.24	14	Summit	7.78	24	Lake	4.94
5	Ningbo	11.89	15	Wuhan	7.35	25	Games	4.43

---

① HUNSTON S.Corpora in applied linguistics[M].Cambridge:Cambridge University Press,2002:71.

续表

序号	共现词	词频	序号	共现词	词频	序号	共现词	词频
6	Suzhou	11.62	16	2022	7.15	26	technology	3.91
7	Nanjing	11.3	17	Eastern	6.9	27	hotel	3.75
8	Chengdu	10.76	18	China	6.84	28	airport	3.62
9	Xiamen	10.5	19	Beijing	6.8	29	Leaders	3.37
10	Guangzhou	10.11	20	Spark	6.76	30	digital	3.36

在此基础上，为了进一步明晰网络新闻媒介舆论场所建构的杭州国际形象，笔者还将结合 KWIC 所在语境以及网络语篇的网页来源等元语言信息一起进行分析。表 4.4 以搭配词 lake 为例进行说明，限于篇幅，只列举了 lake 与 Hangzhou 的语境共现前 20 条例子，及每条语境共现新闻的来源国、来源媒体。

表4.4　搭配词"Lake"在语料库中与"Hangzhou"的共现语境（节选）

序　号	日　期	来源国	来源媒体	关键词语境共现 KWIC
1	2017-12-30	CA（加拿大）	Digital Journal	...will not regret to visit them. # 1. Xihu lake # Lying in Hangzhou City of Zhejiang Province, the West Lake is a world famous tourist spot...
2	2017-12-27	SG（新加坡）	AsiaOne	...Snake' is a household love legend based on the background of West Lake in Hangzhou, China. The new adaption' Madam White Snake . The affection' is...
3	2017-12-26	SG（新加坡）	AsiaOne	...confirm the cultural confidence. "# Based on the background of West Lake in Hangzhou" Madame White Snake' is a household love legend in China...
4	2017-11-13	SG（新加坡）	AsiaOne	...new tourist attraction between the city of Hangzhou and the nearby Qiandao Lake. # Hangzhou Capital Outlets offers dazzling choices of first and second line international brands, while featuring

续表

序　号	日　期	来源国	来源媒体	关键词语境共现 KWIC
5	2017–11–08	US（美国）	Voice of America	…and Chinese President Xi Jinping shake hands at the West Lake State Guest House in Hangzhou, China, Sept. 3, 2016, on the sidelines of the G-20 summit…
6	2017–03–29	SG（新加坡）	*The Straits Times*	…1. Hangzhou, China # A bicycle sharing station next to West Lake in Hangzhou. PHOTO: WIKIMEDIA COMMONS # While bicycle-sharing is big in China, the capital…
7	2017–02–09	US（美国）	American Enterprise Institute	…agreement ceremony ahead of the G20 summit at the West Lake State Guest House in Hangzhou, China, September 3, 2016. REUTERS/How Hwee Young # …
8	2016–11–13	ZA（南非）	*Independent Online*	…of a visit to China, is to take in the West Lake ballet that Hangzhou has become known for — set on West Lake itself where performers dance in ankle-deep…
9	2016–11–07	US（美国）	Market Watch	…flat ahead of U.S. election # Asian markets were as calm as this lake in Hangzhou, China, early Tuesday. # By KenanMachado # Asian equity markets were…
10	2016–11–05	AU（澳大利亚）	*The Australian Financial Review*	…and Chinese President Xi Jinping meet at the West Lake State Guest House in Hangzhou, China, this year. How Hwee Young # by Sheila A. Smith #…
11	2016–09–19	SG（新加坡）	AsiaOne	…Senegalese President Macky Sall during their meeting at the West Lake State Guest House in Hangzhou # Chinese President Xi Jinping (3rd R) and Senegalese President Macky Sall …
12	2016–09–19	SG（新加坡）	AsiaOne	…President Michel Temer during their meeting at the West Lake State Guest House in Hangzhou, Zhejiang province # Prime Minister Lee Hsien Loong (left) met with Chinese…
13	2016–09–19	SG（新加坡）	AsiaOne	…give a performance during an evening gala for the G20 summit at West Lake in Hangzhou, Zhejiang province, China, September 4, 2016. # Performers give a…

续表

序 号	日 期	来源国	来源媒体	关键词语境共现 KWIC
14	2016–09–16	SG（新加坡）	Channel News Asia	…ceremony ahead of the G20 summit at the West Lake State Guest House in Hangzhou, China, September 3, 2016. REUTERS/How Hwee Young/Pool # BARCELONA…
15	2016–09–07	AU（澳大利亚）	*The Australian Financial Review*	…at the feet of our PM whilst he was being whisked across a lake in Hangzhou this week? # In a G20, which was otherwise planned, plotted and…
16	2016–09–07	SG（新加坡）	AsiaOne	… Senegalese President Macky Sall during their meeting at the West Lake State Guest House in Hangzhou # Chinese President Xi Jinping (3rd R) and …
17	2016–09–07	SG（新加坡）	AsiaOne	…President Michel Temer during their meeting at the West Lake State Guest House in Hangzhou, Zhejiang province # Prime Minister Lee Hsien Loong (left) met with …
18	2016–09–07	SG（新加坡）	AsiaOne	… give a performance during an evening gala for the G20 summit at West Lake in Hangzhou, Zhejiang province, China, September 4, 2016. # Performers…
19	2016–09–06	SG（新加坡）	AsiaOne	…President Macky Sall during their meeting at the West Lake State Guest House in Hangzhou # Chinese President Xi Jinping (3rd R) and Senegalese President …
20	2016–09–06	SG（新加坡）	AsiaOne	…President Michel Temer during their meeting at the West Lake State Guest House in Hangzhou, Zhejiang province # Prime Minister Lee Hsien Loong (left) met with …

从图 4.3 可以看出，频数高的共现词并不一定与节点词是强搭配关系，如China 虽然词频数最高，但仅仅说明该词在语料库中出现频次较高，比较受关注，实际上它与杭州的互信息值只有 6.84，并非杭州的最强搭配词。在海外媒体的新闻报道中，G20 峰会不但与杭州共同出现的频次较高，而且互信息值也是最高的，属于典型的显著搭配词。由图 4.3 中显著搭配词的分布情况可见，海外媒体对杭州的报道热点主要集中在以下几个方面：

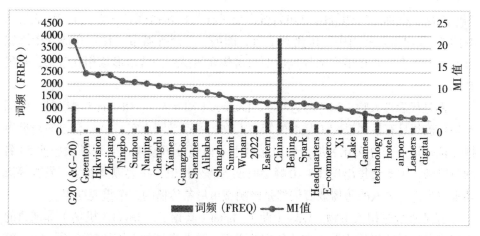

图4.3 "Hangzhou"显著搭配词MI值及词频分布（2010—2022）

一是大型国际会议及体育赛事活动。在近十年的境外报道当中，与大型国际会议及体育赛事相关的主题获得了非常高的媒体可见度，如，2016年在杭州召开的G20峰会（G20&G-20、Summit）带来了超高的关注度；即将于2023年在杭举办的亚运会（The 19th Asian Games）、亚洲残疾人运动会（Asian Para Games）等体育盛事同样备受关注，有力地提升了杭州的国际知名度。此外，杭州绿城足球俱乐部（Greentown）、守望先锋联赛中国区战队品牌—杭州闪电队（Hangzhou Spark）等体育词汇的上榜，体现了海外公众对体育的关注热度，足球、电子竞技等体育竞技运动广受海外大众的喜爱，具有跨越民族差异和文化距离的魅力。

二是数字科技及经济。Hikvision（海康威视）、Alibaba（阿里巴巴）、technology（科技）、E-commerce（电子商务）和Headquarters（企业总部）等商业相关词语也是杭州的高频强连结搭配词，结合这些词汇在语料中的上下检索语境不难发现，近年来杭州良好的营商环境对构建良好城市形象起到了推动作用，杭州本土的阿里巴巴、海康威视等数字科技企业在海外媒体上可见度非常高。除了拥有阿里巴巴总部和吉利汽车总部，2015年世界500强企业思科（CSCO）中国总部也落户杭州，这是浙江省引进的首个世界500强中国总部。

三是中国其他相关知名城市。China（中国）、Eastern（东方）、Zhejiang（浙江）、Suzhou（苏州）、Nanjing（南京）、Shanghai（上海）等具有地缘亲近关系的地区和城市也出现在显著共现词之列。城市形象往往与国家形象密切相关，对于海外受众而言，杭州的城市形象同时是中国形象重要组成部分，是东方文化的重要承载地之一。此外，杭州的城市形象并不是一个完全孤立的个体，与杭州共现频率最高的就是邻近的国际都会上海。实际上，在海外新闻报道中，成都、深圳、武汉、深圳、广州等国内知名城市也是在与杭州搭配频次较高且 MI 值较高的前 50 个词语队列当中。杭州和上海、深圳、广州等城市一样正在成为中国城市的有力代表，并在诸多国外报道中与这些高频搭配的城市形象相互带动，实现共赢。

四是代表性人物。Xi（习近平）、Leaders（领导人）、Obama（奥巴马）等词汇是与杭州具有最强搭配关联度的知名人物，习近平同志在 G20 峰会上向全世界推介杭州这一东方文化名城。通过结合上下语境分析发现，共现频次居前 50 名的奥巴马，主要密集出现在 G20 峰会时期的海外报道，主要以其参会、发言等活动报道为主，名人的传播效应依然是影响城市形象传播的一个重要砝码。

五是旅游业相关事物。Lake（湖）、hotel（宾馆）、airport（机场）等词语的出现指向的是杭州的旅游及交通住宿等方面。从节点词的上下语境来看，Lake 的共现频次为 226 次，且主要是指向西湖和西湖国宾馆，突出了杭州临湖伴山、风景优美的山水城市特征（表 4.4 展示了部分语境共现材料）。杭州自古以来就是旅游名城，杭州旅游国际化程度不断提高，旅游业的发展不仅已成为全市国民经济的支柱产业和新的增长点，在海外媒体的报道中，也是杭州的重要标签之一。但与此同时，从 Lake 以及 West lake 的具体上下文的语境共现词来看，境外报道中对杭州西湖虽有提及，但对其风景之美以及背后的人文之美均鲜少着墨，大部分情况下只是作为地点名词简单提及，对其美誉度的提升帮助不大。

最后，从"Hangzhou"显著搭配词的分布来看，杭州多年来在海外媒体的呈现中频次不高，总体关注度还有较大的上升空间，当前形象相对薄弱和单一。总的来看，海外网络新闻对杭州的 G20 峰会、2022 亚运会等大型国际活动、阿里巴巴等国际知名商贸品牌、体育文化交流等因素较为关注，杭州也开始进入上海、广州等深受国际关注的热点城市队列。近年来，杭州市第十三次党代会等重要会议曾多次提出，杭州的国际化建设目标是着力打造"东方文化国际交流重要城市"，讲好"杭州故事"，塑造东方文化品牌个性。但是，在海外媒介的报道中，对于杭州丰富的旅游资源的关注度并不高，除了西湖，很少提到其他旅游景区。实际上，作为我国八大古都之一的杭州，自然风景及人文景观资源比较丰富，杭州坐拥两个世界文化遗产，除了西湖文化景观，还有成就"钱塘自古繁华"盛景的京杭大运河，拥有五千年历史的"文明曙光"——余杭良渚文化遗址，以及东南佛国等诸多享有盛名的自然及人文景观，但这些在近年来的境外媒体新闻中鲜少被提及。而且，由于文化距离和审美意趣的差异，境外媒体对西湖往往仅限于其自然景观意义的简单叙述，却忽略了西湖作为中国传统文人士大夫的精神家园以及"中国山水美学"景观设计经典作品的独特文化价值，让世界读懂西湖仍然是一个亟待解决的难题。此外，海外媒体对杭州的丝瓷茶叶、金石书画等东方文化元素的关注度目前比较欠缺。要向广大国际公众展示东方历史名城的文化魅力，杭州仍然任重而道远。

"渠道少、声音弱"一直以来是我们在对外传播中的长期性难题，当前的重要任务即厘清杭州城市形象在海外的他者化认知现状，并进一步加大对外传播力度，丰富对外传播的渠道，提升对外传播效能，发出自己的声音，以平衡海外公众对杭州城市形象的认知偏差，构建更为客观、公正、多元化的，同时更具东方魅力的杭州国际形象。这就需要我们引入跨文化对话的思维，从过去的单向型宣传转向以合作共赢为目的的对话型传播。

第三节 总结与反思

杭州的国际形象是国际社会对中国杭州市政治、经济、社会、文化、外交与自然要素的综合认知与评价。海外媒体塑造的杭州形象是杭州国际形象的主要表现形式之一，它影响着海外公众对杭州的关注焦点，甚至左右着其对杭州的认知和态度。国外学者福特（Foot）认为："城市形象是人们对城市的主观印象，是通过大众传媒、个人经历、人际传播、记忆以及环境等因素的共同作用而形成的。"[1]

在现实生活中，人们因为空间或经济等因素的限制，对于国外城市的认知和想象建构越来越多地依赖逐渐普及的新兴媒体。而不同国家的媒体又常常为了维护自身的政治、经济利益等，通过议程设置和新闻框架的选择性构建来影响本国民众对国外城市形象或民众形象的认知和理解。布里尔等学者在研究媒体报道新闻框架对其他国家形象的影响时，发现当美国媒体关注墨西哥政府在控制毒品方面的努力时，美国民众对墨西哥持有较为正面的印象；而当美国媒体关注墨西哥毒品泛滥及其对美国造成的不良影响时，美国民众则对墨西哥

---

① FOOT J M. From boomtown to Bribesville: the images of the city, Milan, 1980-1997[J]. Urban history, 1999 , 26（3）: 393-412.

持较为负面的印象。[1] 汪达等学者也在调查分析中发现，美国媒体对他国的负面报道，往往促使美国民众对该国产生负面印象。[2]

正如李普曼很早以前在《公众舆论》一书中提到的"虚拟环境"理论所言，公众对于超出自身经验以外的事物，往往只能通过大众传媒去了解，而大众传媒所构建的"虚拟环境"并不等同于真实客观的世界。尤其对于远在异国他乡、未曾来到中国的国际公众而言，媒介在他们与国外的城市和民众之间竖起了一面无形的镜子，而他们看到的只是媒介过滤后的"镜中之像"。通过对海外媒介再现的杭州语料的分析，我们不难发现，由于政治意识形态、经济利益以及中外文化图式差异等多种因素所带来的立场和视角的差异，导致境外媒体在对中国城市形象的媒介再现中，难免出现信息缺失和失真的情况，尤其是在近年来中国实力迅速崛起、"中国威胁论"盛行的背景下，不管是报道立场或报道内容，都难以客观、真实、公正地呈现中国形象。而相关研究显示，国外民众往往倾向于以他们本国的主流媒体和国际知名媒体作为认知中国城市形象的信息来源，鉴于中国传统外宣媒体在国际舞台上仍然处于边缘化的现状，除了引导和督促国外媒体准确、客观地报道中国新闻，我们还需要加速推进对外媒体平台的建设，通过多种途径来弥补国际舆论场上中国媒体话语权缺失的劣势。一方面，我们要努力提升我国外语媒体的国际影响力和对外传播力，另一方面，我们还需要通过提高传播效果来让外籍人士改变对我国城市形象的刻板印象，有效消除其认知偏见和文化误读，在自塑与他塑的博弈中，尽可能客观、公正地呈现我国的城市形象。

了解海外媒介对杭州的媒介再现图景，对海外公众的杭州形象跨文化认知及其形构路径、城市对外传播效力的提升而言具有重要的现实意义。要树立更为公正、客观、良好的杭州城市形象，消解国外媒体他塑形象中的偏差和误解，除了加速推进对外媒体平台的建设以外，对那些已经来到杭州、作为城市形象跨文化传播的"桥梁人群"的外籍人士的城市形象认知图景进行了解也具有非常重要的意义。下一章将进一步探讨外籍人士的杭州形象跨文化认知形成过程中的影响因素和其作用机理，并结合问卷调查和焦点小组访谈的研究方法，对在杭外籍人士进行实证调研，以期对外籍人士对杭州形象的主观认知图景有较为客观、理性的呈现和考察。

---

[1] BREWER P R, GRAF J, WILLNAT L. Priming or framing: media influence on attitudes toward foreign countries[J]. Gazette, 2003, 65（6）: 493-508.

[2] WANTA W, GOLAN G, LEE C. Agenda setting and international news: media influence on public perceptions of foreign nations[J]. Journalism & mass communication quarterly, 2004, 81（2）:364-377.

第五章　城市形象跨文化认知的影响因素模型探索：基于杭州的实证调研

第一节　"想象之城"：城市形象的跨文化认知

城市形象是城市品牌的外在体现，是一座城市的内在素质和文化底蕴重要的外在表现，良好的城市国际形象不仅来源于一座城市的物质实体、人文历史、社会风貌等客观的社会存在，还包括城市内外公众的主观感知和评价，即城市的主观认知形象，它独立于城市的客观形象和媒介形象而存在，却又受两者影响。提高外籍人士对杭州的跨文化认知、认同和评价，是当前城市形象对外传播的重要目标。然而，在城市形象的国际化营销传播中，面对的是一个个拥有不同文化背景和语言体系的外籍人士，文化差异虽然会带来"东方异国情调"的文化增值，但文化冲突、文化误读和文化折扣对城市品牌传播效果的影响和冲击也是直接而深刻的。在互联网技术高度发达的智能化媒体时代，技术的发展逐渐解决了以往时空阻隔带来的信息传递难题，然而中外文化区隔所造成的隐形边界，仍然使我国城市形象的对外传播工作出现传播效力不高、"传而不通，通而不受"等常见问题。正如美国学者拉里·A.萨默瓦和理查德·E.波特所言："拥有不同文化感知和符号系统的人们之间进行交流，他们在文化认知上的不同，足以改变交流事件本身。"[①]

城市形象的国际化营销传播，本质上就是一种跨越异质文化差异的跨文化传播过程。在城市形象的对外传播实践中，语言、城市建筑、自然景观、风

---

① 萨默瓦，波特.跨文化传播：第 4 版 [M].闵惠泉，王玮，徐培喜，等译.北京：中国人民大学出版社,2004：47.

俗习惯、文化产品，甚至市民均为承载着城市文化的符码，都可以视作参与文化互动的文化文本。从这个角度来看，外籍人士与东道国城市信息的任何接触，都可以视作不同层面的跨文化传播过程。然而，即便是运作成熟的城市品牌，在其国际化传播的过程中也常常遇到各种跨文化沟通障碍，外籍人士产生刻板印象和文化冲突的现象不可避免。如何在世界多极化与文化多元化并存、信息权利不对称与媒体生态多元化并存的局面下，有效地建构和传播良好的城市形象，提升城市跨文化传播能力，是当前我国城市国际化进程推进中亟待解决的重大现实问题。

第二节　问题的提出、研究方法与研究对象

杭州，既是承载着悠久历史的典型的东方文化古都，又是处在城市国际化建设进程提速阶段的国内新一线城市，近年来杭州已经迈入国内城市的第一阵列，来杭旅游、求学、创业的外籍人士与日俱增，在国内城市的对外传播实践上具有一定的代表性。本研究将基于对杭州城市形象跨文化认知的实地调研，对城市国际形象的跨文化建构和传播进行深入探讨。笔者认为，要探索和提炼出城市形象跨文化传播能力的提升策略和路径，先要深入探究城市形象跨文化传播过程中的内外部影响因素及其作用机理。在当前"中国文化走出去"的战略背景下，研究外籍人士在城市形象跨文化认知形成过程中的内外部影响因素以及这些因素之间的典型关系，对于提升中国城市品牌对外传播效力、促进中国文化的跨文化传播有着重要意义。

本研究主要采用了问卷调查和深度访谈这两种研究方法。笔者在走访了杭州市相关旅游部门及杭州对外推广媒体成员后，对在杭外籍人士进行了问卷调查和深度访谈。其中，问卷部分主要致力于探寻外籍人士对杭州形象的他者化认知图景，包括对杭州城市综合形象、杭州文化资源的认知及兴趣和情感态度评估，力图呈现当前杭州对外传播实践中的既存问题与经验；深度访谈部分主要聚焦于进一步对杭州对外传播实践中的问题与经验进行深度挖掘和分析，并基于经验材料对城市形象跨文化认知过程中的影响因素及其之间的关系进行探索。

研究对象的选取。随着中国城市国际化步伐的加快，越来越多的外籍人士通过旅游、留学、商务往来等途径来到中国，从而对我国城市形象和中国文化有了更为直接、更为深入细致的体验。作为全球 52 个最值得到访的旅游目的地、全球百强国际会议目的地城市、国内首个全球学习型城市网络城市、外籍人才眼中最具吸引力的中国城市、G20 峰会的举办城市以及 2022 年第 19 届亚运会举办城市的杭州，近年来城市国际化发展速度令人瞩目，杭州街头具有不同肤色、不同国籍、不同语言的外籍人士越来越多，在杭外籍人士已经成为杭州城市形象国际传播的重要力量，其中很多曾经来杭或现在在杭的外籍友人也成为其海外亲友圈中讨论杭州城市形象议题的"意见领袖"。学者柯惠新等人在 2008 年奥运会召开前对国外受众进行了调查，发现人际传播实际上已经超过外国公众的母国媒体，成为他们了解中国最主要的渠道。[①] 对于在杭外籍人士来说，来到杭州与这座城市进行近距离接触，使其对杭州各个方面具有更为深入、细致地认知与了解，因而常常被家人、同学和朋友等人划入杭州城市形象相关议题的意见领袖群体之中，他们对于杭州城市形象的评价也成为二级传播中的关键节点，有的外籍人士甚至还加入了杭州市对外宣传团队，深度参与杭州对外宣传内容的生产和传播。例如，笔者在调研中发现，近年来杭州市旅游委员会的对外传播团队就曾多次聘请外籍摄影师、外籍媒体从业人员作为海外社交媒体管理团队成员，而在杭州市英文网、德文网的运营管理团队中也有外籍人士。

　　在杭外籍人士作为跨文化交流的桥梁和重要节点，已然成为杭州城市形象对外传播实践中不可忽视的重要群体，而其对杭州城市形象的认知更是兼顾了境外国际受众和境内国际受众的双重视角。因而，本研究选取了在杭外籍人士这一"桥梁人群"作为研究对象。此处的"在杭外籍人士"包括长期或短期的，基于学习、工作、旅行、探亲访友等各种缘故来到杭州的外籍人士。

① 柯惠新，陈旭辉，李海春，等．我国对外传播效果评估体系的框架研究 [A]．国务院新闻办公室，外文局对外传播研究中心．全国第一届对外传播理论研讨会论文集 [C]．北京：外文出版社，2009．

第三节 "诗意杭州"的跨文化认知图景：
基于问卷调查

在问卷调查（附录一）部分，笔者主要从外籍人士对杭州城市形象的综合印象、杭州文化元素认知、杭州相关信息的媒介接触、对杭情感态度四个方面来进行调查。笔者在调查开始前邀请在杭的留学生进行了问卷前测。此次调查采取的是便利抽样（convenience sample）结合滚雪球抽样（snowball sampling）的方式，根据目的性、可测性、可行性与经济性原则，在杭州及周边地区获取调查样本。笔者在杭州高校校区、西湖等景区、外籍人士常聚的咖啡馆、外企公司、英语角等地方开展面对面问卷调查，经询问愿意配合调查的受访者会收到一个纪念品作为酬谢。本次调查一共发放英文问卷 220 份，回收有效问卷 206 份，回收率 93.6%。回答问卷的外籍人士来自 20 多个国家，其中亚洲国家（日本、韩国、印度尼西亚（简称"印尼"）、蒙古、新加坡、马来西亚）占 28.6%，欧美国家（美国、波兰、罗马尼亚、西班牙、加拿大、法国、德国、英国、俄罗斯）占 42.3%，非洲国家（埃及、摩洛哥、尼日利亚、喀麦隆、南非、肯尼亚）占 16.5%，大洋洲国家（澳大利亚、新西兰）占 12.6%。在回收的 206 份调查问卷中，男性占比为 57.4%，女性占比为 42.6%。整个样本年龄结构趋于年轻化，其中 18～25 岁占比为 46%，26～35 岁占比为 41%，36～45 岁占比为 9%，46 岁以上占比为 4%。在样本学历构成中，大学以下占比为 17.46%，大学占比为 49.33%，研究生及以上占比为 33.21%。在杭时间在 3 个月以下的占比为 32.5%，3～12 个月的占比为 41.8%，一年以上的占比 25.7%。受访者样本基本情况如表 5.1 所示。

表5.1 受访者样本基本情况统计表

受访者特征	项目类别	占比 /%
来源地	亚洲国家	28.6
	欧美国家	42.2
	非洲国家	16.5
	大洋洲国家	12.6

续表

受访者特征	项目类别	占比 /%
性别	男性	57.4
	女性	42.6
年龄	18 ～ 25 岁	46
	26 ～ 35 岁	41
	36 ～ 45 岁	9
	46 岁以上	4
受教育程度	大学以下	17.46
	大学学历	49.33
	研究生及以上	33.21
在杭时间	3 个月以下	32.5
	3 ～ 12 个月	41.8
	一年以上	25.7
来杭原因	学习	33
	旅游	20
	走访亲友	18.4
	工作	28.6
中文程度	完全不会	22.8
	较差	38.3
	一般	20.5
	好	18.4

一、对杭州城市形象的综合认知及评价

该部分的调查问卷首先对杭州的总体形象进行了综合测评。在对杭州总体形象进行综合测评时，75.7% 的受访者表示"好"，15.5% 的受访者表示"优秀"，仅有 8.8% 的受访者表示"一般"，这说明杭州城市的整体形象良好，人们对杭州形象的接受度高。其次，在提到杭州的功能性形象时，32.5% 的受访者认为杭州市是一个"宜居"城市，24.7% 的受访者认为杭州"适宜求学"，23.8% 的受访者认为杭州"适宜旅游"，19% 的受访者认为杭州"适宜开展商务活动及就业"。

关于"杭州第一印象"的问题设置为开放式提问，部分受访者给出了不止一个答案。如图 5.1 所示，当被问到"一提到杭州，您首先想到的是什么"这个问题时，超过一半的受访者表示最先想到的是"西湖"（West Lake），35.9%的受访者表示最先想到的是"阿里巴巴"（Alibaba），33.5%的受访者表示最先想到的是"移动支付"（mobile payment），25.7%的受访者表示最先想到的是"中国食物"（Chinese food），18.9%的受访者表示最先想到的是"G20 峰会"（G20 summit），11.2%的受访者表示最先想到的是"大运河、西溪湿地"等知名景点。此外，被提到的还有"丝绸""旗袍""龙井茶"等具有杭州本地文化特色的产品，还有少数受访者提到了"白蛇传"等文化元素。从图 5.1 可以看出，作为景点代表的西湖，作为杭州的国际知名企业代表的阿里巴巴公司，以及带有科技元素的移动支付技术是外籍人士提到杭州时最先联想到的代表性符号，而杭州城市丰富的文化资源在对外推广上还有很大的提升空间。外籍人士虽然对杭州近年来的经济和科技发展更为肯定，但对当地文化资源的知晓度和认同度还远远不够。作为曾经的南宋都城，杭州悠久的历史文化却只展现了冰山一角。杭州文化旅游资源中只有西湖、大运河和西溪湿地等景区，作为国家级文物保护单位的良渚遗址、西泠印社却鲜有外国友人知道，杭州当地久负盛名的各种民间艺术也鲜为人知，由此可看出，杭州虽然有丰厚的文化底蕴，但对外宣传力度还亟待加强。

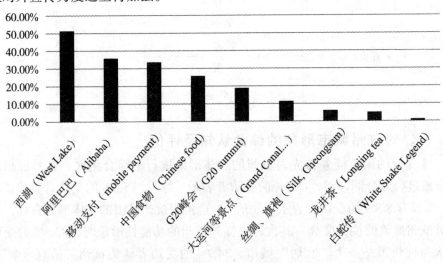

图 5.1　关于"杭州第一印象"的问题答案

"在杭州时期所遇到的问题"这一问题被设置为多选题，71.4%的受访者选择了"语言障碍"（language barrier），60.2% 的受访者选择了"文化差异"（cultural difference），51.5% 的受访者认为空气污染等环境问题给其带来了困扰，44.7% 的受访者选择了外事服务（foreign affairs service），31.6% 的受访者认为"与当地人的交往"（interpersonal communication with local people）存在困难，有 15% 的受访者认为"交通出行"（transportation）存在困难，部分受访者自行注明了在选择地铁、电动车出行时存在困难。此外，还有受访者选择了"食物"（13.1%）和"就业"（6.8%），有少数受访者补充了"刻板印象"（3.4%）等答案（图 5.2）。结合前面对中文程度的调查可以发现，除了部分留学生和长期在杭的工作人士，大部分在杭外籍人士对自己的汉语水平并没有足够的自信，没有人选择"优秀"的选项，同时受访者普遍觉得自己的中文程度不高，认为自己中文程度"较差"和"一般"的人数接近六成（58.8%），"完全不会"中文的人占比为 22.8%，认为自己中文"好"的仅占 18.4%。

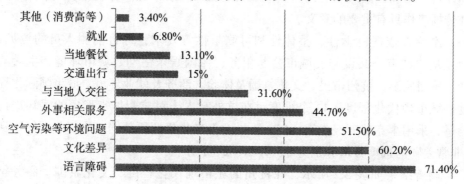

图 5.2　在杭州期间遇到的困难

通过调研结果不难发现，大部分的在杭外籍人士都曾在日常的跨文化交往中面临着相似的问题，即语言和文化的差异所带来的跨文化传播和沟通的困扰，而当前杭州刚刚站在城市国际化进程的加速跑道上，相比于北京、上海等城市，杭州的城市国际化语言环境和公共服务部门的外事服务效能，以及教育、医疗、社区服务、文化服务等各方面的国际化程度都亟待提升。语言的不流畅和文化的区隔不仅导致了城市形象跨文化传播实践中的中外交往主体之间的信息不对称，还在很大程度上降低了城市对外传播的效能。此外，当前广大杭州市民的外语普及度不高，其跨文化敏感性（intercultural sensitivity）和跨文化交际能力（intercultural communication competence）也相对缺乏，对外籍人士多是抱着猎奇心态，在知识储备和交流上缺乏对多元文化的了解和包容，因而在实际的跨文化交往中常常遇到沟通障碍。而在调研中反映的随地吐痰、抽烟、插队、大声喧哗等现象，对杭州的城市形象也有一定的不良影响。普通民众与外籍人士的日常交往与接触实际上是直接、有效的对外传播渠道之一，需要引起更多的关注和重视。目前，无论是城市管理部门还是杭州普通市民，都缺乏与外籍人士的跨文化对话和交流。

城市形象具有多向度、多元化的结构，根据不同的研究目的，可以划分为不同的维度。例如，在社会活动领域，可以将城市形象分为政治形象、经济形象、社会治理形象、科技发展形象、环境建设形象等；基于城市形象细分理论，将城市形象分为城市环境形象、城市建设形象、城市组织形象和市民形象。国外学者西蒙·安浩则提出了城市品牌指标的六个维度模型，认为可以从知晓程度、地缘面貌、城市活力、市民素质等维度进行测量。[①] 城市形象是城市所能带给公众的整体印象，它来自公众通过多种渠道对城市产生的综合体验和评价。明确外籍人士对杭州城市形象的认知图景，对于有效开展城市形象对外传播工作具有重要的意义。

本调查依据科学性、整体性和可测量性等要求，综合前测人员的意见，确立从"城市公共设施、城市公共服务、休闲娱乐活动、城市环境、生活消费、杭州旅游、杭州市民、文化氛围及体验、商务及就业环境、城市国际化程度、城市现代化程度"11个维度对在杭外籍人士对杭州城市形象的感知进行测量，采用李克特五级量表（Likert scale）来收集调研数据，从"非常好"到"非常差"的选项分值分别为5、4、3、2、1分。

调查结果如表5.2所示，在杭州的城市现代化程度、文化氛围、商务氛围，以及城市环境、杭州美食等方面，在杭外籍人士的认同度较高，均值分别达到了4.24、4.23、4.22、4.16和3.99；而对杭州当地的外事服务、文化活动、市民素质几项的打分相对不高，均值均低于3.5分。受访者在调研中反映，杭州在外事服务方面缺乏一个便捷、统一的对外服务窗口，以及一个可以及时反馈的联系方式，整个城市的国际语言环境及服务不佳。此外，城市文化氛围虽好，但却缺乏常规性的针对外籍人士的文化活动，展览会等文化艺术活动尚未提供良好的国际语言服务，外籍人士虽有兴趣，但却因为语言和文化的阻隔导致其参与度和卷入度不高。

---

① 安浩.铸造国家、城市和地区的品牌：竞争优势识别系统[M].葛岩，卢嘉杰，何俊涛，译.上海：上海交通大学出版社，2010:56-60.

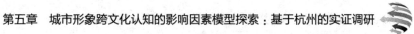

表5.2　受访者对杭州综合形象的感知评价

项　目	内　容	非常差←→非常好 /%					均　值
		1	2	3	4	5	
公共设施	公共交通	0	0	17.5	73.3	9.2	3.92
	基础设施	0	0	45.2	47	7.8	3.63
公共服务	公共安全、政务服务等	0	0	16	79.6	4.4	3.88
	外事服务	0	8.2	47.6	40.3	3.9	3.4
休闲娱乐	文化活动及设施（文艺表演、音乐会、展览会等）	0	32.5	38.4	20.4	8.7	3.05
	娱乐活动及场所(影院、酒吧、KTV 等）	0	11.2	30	52	6.8	3.54
城市环境	城市自然环境、城市建筑等	0	0	14	47.6	38.4	4.16
	空气质量、水质量等	12.6	42.7	32.5	12.2	0	2.44
生活消费	居住及生活消费等	0	0	25.2	43.2	31.6	4.06
	杭州餐饮	0	0	23.3	54.9	21.8	3.99
杭州旅游	名胜古迹	0	0	9.7	65.5	24.8	4.15
	旅游业服务	0	0	35	46.6	18.4	3.83
杭州市民	市民素质	0	22.8	27.7	34	15.5	3.42
	对外友好度、开放度等	0	7.7	20	37.3	35	3.99
	文化氛围及体验	0	0	13.1	51	35.9	4.23
	商务及就业环境	0	0	15	47.1	37.9	4.22
	城市国际化程度	0	6.8	61.6	20.4	11.2	3.36
	城市现代化程度	0	0	8.8	58.7	32.5	4.24

二、对杭州文化资源的认知与态度

问卷的第三部分主要针对在杭外籍人士对杭州的文化资源的了解程度和兴趣进行了调查。根据杭州官方对当地文化资源的描述，问卷提取了丝绸文化、茶文化等 12 项文化元素作为评估指标，在"了解程度"部分采用李克特量表进行测量，从"非常了解"到"完全不了解"按照 5、4、3、2、1 打分。杭州作为中国八大古都之一，史脉悠远，名流辈出，具有深厚的东方文化内涵和底蕴，从数千年前的良渚文化到吴越文化和南宋文化，从东南名刹灵隐寺到金石圣地西泠印社，无不是东方文化的典型代表。此外，杭州还有茶文化、丝绸文化、中药文化、陶瓷文化、书画篆刻印刷文化、运河文化等丰富的东方文化资源。但从调研结果（表 5.3）可以看出，外籍人士对杭州的东方文化元素了解得并不深，该部分评估打分均值都在 4 分以下。总体来看，了解程度较高的依次是杭州美食（3.24）、丝绸文化（3.23）、宗教文化（2.97）、茶文化（2.81）和杭州的名胜古迹（2.8）等，而歌舞、越剧等文艺表演（2.54）、中医药文化（2.53）、杭州的金石书画等民间工艺美术文化（2.51）、历史悠久的良渚文化（2.15）等的了解程度均较低。其中，对杭州美食，国外公众向来比较感兴趣。2017 年，杭州市旅委将丝绸、旗袍文化与杭州山水深度结合，首次举行了"杭州全球旗袍日"活动，在全球多个城市进行线上线下活动；2018 年，杭州市旅委再次举办"杭州全球旗袍日"活动，并鼓励全球设计师设计杭州主题旗袍，在杭州丝绸文化的国际推广和传播上取得了显著的效果。良渚文化、中医药文化以及绸伞、剪纸等民间工艺文化元素对于国外友人而言则相对陌生，在良渚文化方面，部分受访者甚至选择了"完全不了解"选项，可见诸多杭州文化资源的国际知晓度还远远不够，其是未来的对外传播工作中需要重点加强的部分。

表5.3 受访者对杭州文化资源的认知与态度

项目内容	完全不了解←→非常了解 /%					均值
	1	2	3	4	5	
丝绸文化（旗袍等）	0	17	47	31.6	4.4	3.23
陶瓷文化	0	35.5	55.3	9.2	0	2.74
茶文化（龙井茶等）	0	47	33.5	10.7	8.8	2.81
宗教文化	0	27.2	53	16	3.8	2.97
民间工艺美术（绸伞、皮影戏、剪纸、金石书画等）	0	58.7	31.1	10.2	0	2.51

续表

项目内容	完全不了解←——→非常了解 /%					均　值
	1	2	3	4	5	
桥文化	0	40.3	44.7	15	0	2.75
中医药文化	0	54.4	38.3	7.3	0	2.53
名胜古迹	0	30.6	58.7	10.7	0	2.8
歌舞、越剧等文艺表演	0	54.9	36.4	8.7	0	2.54
杭州美食	0	13.1	56.3	23.8	6.8	3.24
大运河文化	0	60.2	27.7	12.1	0	2.52
良渚文化	14	57.3	28.7	0	0	2.15

　　"对杭州文化资源的兴趣和接触意愿"这一问题被设置为多项选择题。如图 5.3 所示，受访者当前比较感兴趣、接触意愿较强、选择率较高的是杭州美食（78.6%）、名胜古迹（67%）、丝绸产品及文化（33.5%）、民间工艺美术（23.3%）和运河文化（22.8%），而对杭州本地的良渚文化、陶瓷文化、中医药文化、宗教文化等兴趣相对较弱，今后需要在对外传播工作中着重宣传这些方面。此外，结合表 5.3 可以发现，杭州美食和丝绸文化在众多文化符号中脱颖而出，成为在杭外籍人士比较感兴趣且了解程度较高的杭州文化表现形式。而对于杭州名胜古迹、民间工艺美术、运河文化、茶文化、桥文化等，受访者虽然比较感兴趣，却了解甚少，今后可以加大推广力度，增加本地文化的线上线下活动接触节点，确保信息顺畅传播；可以生产具有文化亲近性的文本，提升外籍人士对杭州文化资源的跨文化理解度和认同度，充分展现东方文化的魅力。

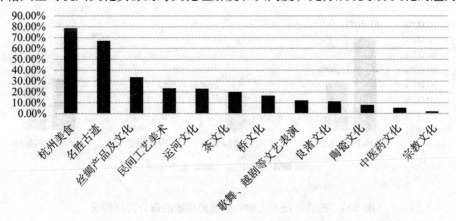

图 5.3　受访者对杭州文化资源的兴趣和接触意愿

三、杭州城市相关信息的媒介接触情况

调查问卷的第四部分为选择题，主要针对在杭外籍人士对杭州信息接收的媒介接触情况，以及来中国前后了解杭州形象的媒介使用偏好进行了对比。从调查数据可见，受访者首次接触杭州信息的媒介渠道依次为网络（65.10%）、亲人朋友等（15.30%）、影视广播（12.70%）、报刊书籍（6.90%）。此外，通过对其来华前后了解杭州信息的媒介（包括传统媒体和新媒体）使用偏好（图5.4）进行对比，可以发现，来中国前，外籍人士更多倾向于使用本国媒体获取信息，占比为61.70%，对国际知名媒体（平台）的使用占比为34.40%，而通过中国外语媒体来了解中国城市形象的占比较低，仅占3.9%，选择中文媒体获取信息的为0%；来中国后，尤其来到杭州后，外籍人士的本国媒体使用率下降到31.60%，国际知名媒体（平台）使用率上升到39.30%，中国外语媒体使用率明显上升（25.7%），少数中文水平较好的外籍人士也会选择中国汉语媒体（3.4%）来获取中国城市的相关信息。外籍人士来杭前和来杭后的媒介接触偏好，也可以在制定对外宣传策略时提供一定的参考，针对境外外籍人士和境内外籍人士不同的媒介使用习惯和实际需求，调整传播方式和传播内容。从数据来看，受访者更倾向于使用母国媒体和国际知名媒体来获取信息，中国外语媒体仍然处于边缘地位，其国际影响力的提高仍然是一个艰巨的任务。因此，在大力提升我国外语媒体影响力和传播力的同时，我们也需要对人际传播给予足够的重视，让更多的市民、民间组织以及可以作为传播重要节点的"桥梁人群"的在杭外籍人士共同加入城市形象和城市文化的传播群体中来。

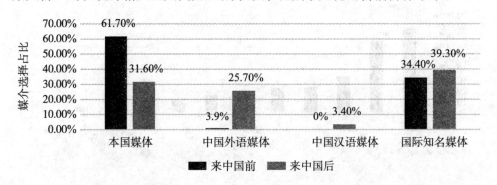

图 5.4　在杭外籍人士对杭州信息接收的媒介接触情况

四、对杭州的情感态度

调查问卷的最后一个部分调查了受访者对杭州的情感态度，调查数据（图5.5）显示，绝大部分受访者对在杭停留时期感到满意，选择喜欢在杭时期的高达82%，明确表示抵触和厌恶的受访者为零；受访者均愿意与杭州当地人进行友好交流，接近四成的受访者选择了"非常同意"与当地人沟通；明确表达愿意向亲友推荐杭州的受访者高达85%，78.6%的受访者明确表示，如果时间及经济允许的情况下，离杭后愿意重访杭州，45.7%的受访者愿意或非常愿意在杭州工作或定居。

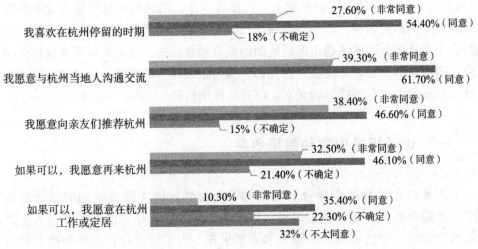

图 5.5　受访者对杭州的情感态度

第四节　城市形象跨文化认知的影响因素模型探索

上一节调查问卷部分主要致力于呈现国际受众对杭州城市形象的认知情况，以及当前杭州城市形象国际传播的实践现状和问题，回答的是"是什么"的问题，探讨的是当前杭州城市形象对外宣传实践中存在哪些问题。本节将在"是什么"和"有什么"的基础上，再推进一步，结合对在杭外籍人士和外宣媒体人士的深度访谈，进一步探讨杭州国际形象传播图景的形成原因，分析外籍人士为什么会形成这些正面或负面的城市形象认知，又是如何形成这样的印象，因而本部分致力于回答"为什么"和"怎么样"的问题，探讨的是跨文化城市形象的生成有哪些影响元素，以及其作用机理。

一、访谈相关内容和数据收集

为了结合问卷调查部分所呈现的杭州对外传播实践现状和问题进行更进一步的分析，本部分将采用半结构式访谈的方式，尽可能探寻外籍人士建构城市形象认知的关键影响因素和形塑机理。为了确保材料的全面性和鲜活性，访谈对象的选取采用滚雪球与目标抽样相结合的方式来进行，在方便、可行的前提下全方位地选择具体的访谈对象，即尽可能兼顾男女比例、年龄比例、国别、来杭原因等元素。在 31 位访谈对象中，男性为 14 名，女性为 17 名；年龄在 18～45 岁，以 35 岁以下年轻人为主，年龄最小为 18 岁，最大为 42 岁；受教育程度基本在大学及以上，其中博士生 1 名，大学预科（高中毕业）2 名；来杭缘由主要为"求学"，占比为 58%（包括短期交换），其次为"工作"，占比为 29%，还有 4 人的来杭缘由为旅游（包括探亲访友）。为了更深入地解析杭州城市形象的跨文化传播实践，笔者特邀 4 位曾参与杭州城市形象对外传播工作的新媒体团队中的外籍工作人员进行焦点小组访谈，以便从媒体从业人员和外籍人士的双重视角进行探讨。本次受访者的基本资料如表 5.4 所示。

表5.4　受访者基本资料一览表

编　号	国　籍	性　别	年龄/岁	受教育程度	来杭原因
F01	韩国	女	36～45	博士	学习
F02	韩国	女	18～25	硕士	学习
F03	日本	男	26～35	大学	工作
F04	日本	女	18～25	大学	学习
F05	蒙古国	男	18～25	硕士	学习
F06	罗马尼亚	女	18～25	硕士	学习
F07	罗马尼亚	女	26～35	大学	旅游
F08	波兰	女	26～35	硕士	工作
F09	俄罗斯	女	18～25	硕士	学习
F10	印尼	女	18～25	硕士	学习
F11	印尼	男	26～35	硕士	学习
F12	美国	男	18～25	大学预科	学习
F13	美国	男	26～35	大学	工作
F14	美国	女	26～35	大学	旅游
F15	西班牙	女	26～35	大学	学习
F16	西班牙	男	26～35	大学	工作
F17	加拿大	男	26～35	大学	工作
F18	加拿大	男	36～45	大学	工作
F19	澳大利亚	男	18～25	大学	学习
F20	澳大利亚	女	36～45	大学	工作
F21	德国	女	18～25	大学	学习
F22	德国	男	18～25	大学预科	学习
F23	法国	女	18～25	大学	学习
F24	法国	男	36～45	大学	工作
F25	英国	女	18～25	大学	旅游
F26	英国	男	26～35	大学	工作
F27	喀麦隆	女	18～25	大学	学习
F28	尼日利亚	男	26～35	大学	旅游
F29	埃及	女	18～25	硕士	学习

续表

编　号	国　籍	性　别	年龄/岁	受教育程度	来杭原因
F30	埃及	男	18～25	硕士	学习
F31	摩洛哥	女	18～25	硕士	学习

本研究访谈地点均选在较为安静的咖啡馆，访谈时间为一个半小时到两个小时，访谈语言为英语，访谈过程进行录音。针对个别英语口音比较严重的受访者，笔者邀请了一位加拿大籍人员作为翻译员，以确保访谈顺利进行。访谈提纲由两部分组成，共包含十个开放性问题，其中前九个问题属于第一部分，主要围绕着受访者对杭州的体验和城市形象认知展开，第十个问题属于第二部分（具体问题如下）。第二部分主要是针对展示的杭州市官方对外传播材料（含文本、图像及视频材料）的认知和评价进行调研，该部分展示的材料主要包括杭州市官方英文门户网站首页截图（杭州市政府英文网、杭州市旅游委员会英文网等）、杭州市海外主流社交媒体平台首页截图（主要来自 Facebook、Twitter、YouTube 三个平台）、平台上推送的对外宣传文本和图像（抽样方法为分层抽样，即将近三个月以来杭州在 Facebook 及 Twitter 官方推广账号上的所有推文按"自然景观""杭州美食""民间艺术"等主题分类后，在各主题下进行随机抽样），以及杭州市城市形象宣传片（详细材料见附录二）。

（1）你来杭州多久了，来杭州的原因是什么？来杭州之前有没有听说过杭州这个城市？是通过什么途径听说的？来杭州之后，对这座城市的印象有没有不同？让你对杭州形象提升好感度/降低好感度的是什么？

（2）你能否用3个词形容一下对杭州的印象？并具体谈谈你对杭州的感受。

（3）你认为杭州的城市魅力主要体现在哪些方面？你觉得杭州最具有吸引力的旅游和文化资源是什么？有没有难以理解或欣赏的部分？

（4）你来杭州后参加或者体验过哪些当地文化活动？印象最深刻的活动是什么？体验最好的活动是什么？

（5）在你的杭州文化生活中，有没有特别友好/亲近或者不太友好/亲近的部分？有没有文化交往存在障碍的部分？

（6）你在跟当地人的交往中，有没有特别友好/亲近或者不太友好/亲近的部分？有没有文化交往存在障碍的部分？

（7）你认为国际形象最好的城市是哪个？杭州在哪些方面还需要提升？

（8）你是否接触或使用过杭州的外文媒体（包括境内外社交媒体，如境内的英文网站、英文报纸杂志、微信公众号、微博，境外 Facebook、Twitter、Instagram、YouTube 等平台的杭州相关账号）？对这些媒体的体验如何？

（9）你是否愿意向朋友推荐杭州？你会怎样向他们介绍这座城市？如果有机会，你是否愿意在杭州工作或者长居杭州？

（10）材料讨论部分：在你看到的这些社交媒体推文内容中，哪些是你认为感兴趣或能提升好感度的/无感的/不感兴趣或降低好感度的？并说明原因。谈谈你对这段视频（宣传片）的感受，你觉得感兴趣或能提升好感度的/无感的/不感兴趣或降低好感度的部分是哪个？你非常欣赏/能够理解或难以欣赏/难以理解的部分是哪个？

数据收集与分析。资料分析一向被认为是质性研究中比较难掌握的一个环节。与定量研究方法不同的是，质性研究的材料多为文字、录音或图像资料，不易被转化为数据，但可以采用提炼分类、抽象化和概念化等定性分析方式对资料进行解读、阐释和分析，即通过对实在事件的概念化、范畴化来进行分析性归纳。具体而言，研究者在对所有的访谈和记录资料（包括录音资料、图文资料等）进行系统整理和分类之后，保持开放的心态进行深入细致的分析，从中提炼出被调查对象对杭州城市形象的认知和评价，以及该认知形成的影响因素和路径，以期为城市品牌的跨文化传播提供理论和策略借鉴。

二、编码与概念提取

编码是对访谈资料进行系统整理和分类的第一步，是形成理论或模型的关键环节。编码是研究者根据具体的研究目的和分类标准对访谈资料进行归纳总结，并从中逐步提炼出概念的过程，即用简短的词组或词语来概括访谈资料中的人物、事件、概念和主题等。斯特劳斯等曾经概括了三种编码方法：open coding，axial coding 和 selective coding。[①]国内学者陈向明将三种编码称为一级编码（开放式登录）、二级编码（关联式登录）和三级编码（核心式登录）；范明林和吴军则将其命名为开放式编码、主轴编码和选择性编码。

在操作时具体包含 3 个步骤：①开放式编码。这要求研究者以开放的心态将所有收集到的资料打散、分解，赋予概念，并将新的概念以新的方式重新

---

① STRAUSS A, CORBIN J.Basics of qualitative research: grounded theory procedures and techniques [M]. Newbury Park, CA: Sage Publications, 1990：58.

进行组合，将原始资料与新概念不断进行比较并形成范畴。②主轴编码。这要求研究者发现和建立概念类属或范畴与范畴之间的逻辑关系，显示其内在相关性，形成主范畴。③选择性编码。这要求研究者通过在已发现的概念类属中找到统领其他类别的"核心类属"，构建出概念框架，将大多数的研究结果概括在这一概念框架之内。笔者主要借助 NVivo 11 对 31 份访谈材料进行深入分析，通过三级编码，即开放式编码、主轴编码和选择性编码，对材料中提炼的概念、范畴和子范畴反复进行审阅确认。与此同时，笔者从所有访谈材料中（4 位媒体行业人员的访谈资料除外）随机抽取 5 份作为饱和检验的研究对象，以检验是否还存在新的概念与范畴。如果饱和检验测试并未得出新的概念与范畴，说明研究结论基本正确。

（一）开放式编码

开放式编码是启动研究的一级编码，需要对原始访谈资料进行逐句编码和统计。为了减少误差，笔者在进行自由编码及概念发掘时尽量以访谈者原话和文本中的内容作为母本。同时，笔者考虑到本书研究的目的是探索城市形象跨文化传播过程中的内外部影响因素以及其作用机理，在对文字资料进行审阅与分析后，首先剔除了与本研究无关的内容，其次运用 NVivo 11 导入 26 份访谈资料并编码。笔者考虑到初始概念及相关表述比较庞杂，其中有些内容有一定的交叉重合，因此对这些概念进行再次分类组合，即范畴化过程。笔者通过对开放编码进行多次整理与分析后，得到了 21 个初始概念和若干个范畴，如表 5.5 所示。为了节省篇幅，笔者省略了每个初始概念对应的原始访谈记录中相同或相近的表述。

表5.5 开放式编码范畴

编　号	初始范畴	原始记录
1	跨文化敏感性	①我学中文已经快两年了，在日本学习茶道时听说过龙井茶，来杭州后去了茶叶博物馆，其建筑风格比较古典，茶园景色比较美，那里的樱花让我想起日本的京都和名古屋（F03）； ②这些面具（京剧脸谱）看起来有点可怕，不太可爱（F11）； ③我在中国十年了，在杭州也两年多了，去过很多地方，对西湖、大运河、雷峰塔、灵隐寺等地方的故事都有一定的了解，也介绍给了我的朋友（F01）。

编　号	初始范畴	原始记录
2	文化差异与文化距离	①我不喜欢（视频中）那些挂成排的烤鸭，虽然愿意吃，但不想看到动物的尸体，觉得很可怜，而且现在流行素食主义（F06）； ②杭州路边的小吃，店内的招财猫摆饰，杭州的曲桥，这些都很有意思，我还带朋友去体验了盲人按摩，姿势奇怪又非常痛（F26）； ③西方年轻人现在很少有人说自己喜欢诗歌，大家会说我喜欢运动、音乐、旅行等，可能年纪比较大的人会比较喜欢诗歌，这个现象现在已经离我们有些久远了，但在中国，诗歌是跟唐朝和宋朝联系在一起的比较浪漫的词（F08）。
3	文化折扣与文化增值	①对于宣传片，我有很多看不懂的地方（F19）； ②我不觉得孙悟空的提线木偶皮影很有趣，可能我们对文化的认知是不同的，而且对于京剧脸谱也看不懂（F20）； ③我来杭州更希望了解和体验有意思的东方文化（F13）； ④在杭州，比较吸引我的就是风景、特产、艺术品。此外，我对杭州的宗教景观很感兴趣（F12）。
4	刻板印象与文化误读	①来杭州以后我发现这里的人很好，城市很方便，很安全，是很好的城市。和我们在蒙古国时了解的不一样。（F05）； ②对于绸伞、剪纸，我们年轻人不太感兴趣，娱乐的话更喜欢泡吧，还想去看看具有中国特色的文艺表演（F31）； ③我认识的很多人对中国的了解仅仅限于雾霾，但很少有人会了解中国电子商务和电子支付、高铁、DJI（大疆无人机）（F18）。
5	文化冲突与文化适应	①我不喜欢很多餐馆都有猪头、猪鼻，但是现在我也可以理解这一点（F10）； ②我最反感别人问你们有春节和中秋节吗？（F01）； ③（宣传片）刚才有一段画面，男女亲吻了好几次，而我们不太喜欢人们在公共场合有这样的行为（F11）。
6	文化互动与交往	①我和同学参与杭州市拍摄"西湖为你而美丽"视频的活动，还关注了"Hangzhou,China"（F06）； ②当地人对韩国的文化比较感兴趣，对韩国的电影、电视、歌手也感兴趣，对于这一点，我还是挺开心的（F02）； ③我在G20峰会期间当了志愿者，主要做翻译工作，这样我对中国文化就了解得更多了（F01）； ④我太喜欢杭州的文化了，如喜欢这里的旗袍和丝绸文化，我跟同学去年还参加过这里的旗袍走秀（F09）。

续表

编　号	初始范畴	原始记录
7	媒介接触	①我刚来的时候没有办法使用境外网站，由于中文不太懂，也用不了百度，去哪里都不方便（F15）； ②YouTube上有很多YouTuber展示了他们去中国各个城市的旅行经历，其中有一个关于杭州的视频比较有趣（F23）； ③在澳大利亚，我们主要通过网站观看中国城市的信息，通过电视新闻看到的情况比较少，除非是高层领导有活动，这时会作为活动地点被提及（F19）； ④教科书上说，杭州和苏州都是美丽的城市（F05）； ⑤我最初了解杭州是通过小时候看的电视剧《白蛇传》，印尼会播很多中国电视剧，我们还看过《西游记》（F10）。
8	媒介策略	①杭州海外自媒体居然有3个账户，这点有点奇怪，难以置信，世界上没有哪个地方会这样做，政府部门通常通过一个账号发布信息（F18）； ②上海有英文杂志专门告诉外国人上海正在发生什么，它也会介绍传统的东西，还会及时更新音乐会、展览会等文化活动信息，我觉着这样对外国人很有吸引力，希望杭州也有这样专业的杂志提供信息（F31）； ③我们来杭州之前想看具有异国风情的东西，来杭州之后想更好地在这座城市立足，让生活更便利（F24）。
9	文化营销策略	①我和同学参加了2017年杭州举办的"全球旗袍日"活动（F23）； ②我们不能只宣传西湖，杭州其实有更多吸引人的东西，如杭州的美食（F06）； ③宣传片中的杭州很干净、很美丽，太完美，给人不真实（不全面）的感觉，我来杭州看到有的地方比较旧、有的地方比较乱，空气也不太好（F13）； ④我们虽然喜欢西湖和大运河这些景区，但是更感兴趣的是杭州充满现代化活力的那一面，对于这一面，宣传片和社交媒体上提到的都不多（F31）。
10	人际传播与直接体验	①我朋友从西班牙过来看我，来之前他们从没听说过杭州，他们知道杭州是因为我在这里工作（F15）； ②我用滴滴打车时遇到一个司机，他竟然因为不会讲英语而向我道歉，他说他成长的那个年代没有机会在学校学英语，这让我觉得中国人是很重视教育的（F19）； ③我第一次接触杭州是因为朋友的介绍，看到朋友在Facebook上分享了"外婆家"饭店的信息和各种玩的地方（F11）。

续表

编 号	初始范畴	原始记录
11	沟通动机与利益	①我开始寻找关于杭州的信息是因为要来浙江大学学习（F15）； ②我和同事们都想体验当地的文化活动，但是那些旅游公众号都只介绍景点和推送杭州特产，而没有推荐文化活动（F13）； ③外国人在找工作时对相关人才引进政策不是很清楚，很多用人单位也不是太清楚，平时不知道该去哪里获取有关外籍人士的最新政策和信息（F16）。
12	沟通缺位与错位	①在我的家乡（佛蒙特州），当地听到的中国城市的信息主要是北京、上海的，没有听说过杭州（F12）； ②我们以为2016年的G20峰会是在广州举办，没有想到是在杭州举办（F29）； ③我身边很多韩国朋友并没有关注G20峰会，所以并不知道是不是在杭州举办（F02）； ④杭州很美，但因为我不会说中文，又不认识其他的人，不知道该上哪儿去，也不知道该上哪找信息，刚来杭州时很难四处走动，网上有用的信息也不多，相较于广州、北京、上海、深圳，在杭州可以接触的公开信息很少（F08）； ⑤我朋友从西班牙来这里看我，他们觉得这个城市比较干净和现代化，这里的高铁、支付宝都让他们很惊讶（F15）； ⑥我虽然听说过丝绸博物馆，但去那里参观要会中文，而我们只能去美国的TripAdvisor网站看信息（F08）。
13	主体间性视角	①杭州比较缺乏文化活动买票也不方便，因为支付宝不支持境外银行卡支付，而且黄牛太多（F17）； ②杭州很多文化活动没有提供英文服务，这一点没有上海和北京好（F24）； ③杭州官方公众号都是中文，没有提供英文服务，我看不懂（F15）； ④这里的人对我们的国家不太了解；其实有些非洲国家并非你们想象的那么穷、乱、暴力，我们愿意在这里生活下去，但是也希望有机会展示我们的文化，我们的文化也很有魅力（F27）。
14	市民素质	①杭州人遵守交通秩序，车会让着行人。不过常常看到有人在咖啡馆里很大声地聊天，感觉有点不太好（F04）； ②杭州人挺热情的，我的朋友去景区的时候好些人围着他合影，还有老年人问他的黑皮肤会不会掉色，这让他有点尴尬（F28）。

续表

编　号	初始范畴	原始记录
15	城市国际化语言环境	①西湖人工岛、灵隐寺、西溪湿地都有韩文翻译，对于这一点，我很开心。但是能说韩语的人还是太少，只会一句"啊你啊塞哟"（F01）； ②在上海到处都可以遇到会说英语的人，汉语不好也不会受到太大影响，但是在杭州就需要你的汉语很好，尤其体现在交通方面（F31）； ③很多餐厅都没有英文菜单，服务员会说英语的也很少，有些餐厅还没有配图，点餐不太方便（F25）； ④杭州的医疗服务还需要更国际化，我们有时候跟医生沟通比较困难，每次看病都需要找中国人陪同（F09）。
16	公共服务国际化建设	①虽然滴滴打车很方便，但是不会说中文的话仍然很麻烦，我听到太多朋友抱怨他们在（杭州）雨中等车的经历，这给他们留下了不好的印象（F21）； ②杭州越来越宜居了，搭乘地铁和公交去杭州大部分地方都很方便，相比国外的一些城市，我觉得杭州的交通费用（公交车和共享单车）比较低（F17）； ③杭州比较安全，我晚上很晚都可以出去骑车、散步（F27）。
17	国际交流	①现在好多韩国人都知道中国的城市，比如说90%以上的人都知道杭州，因为现在中韩交流太密切了，现在在杭州这边生活、留学、工作的韩国人太多了（F01）； ②摩洛哥没什么人知道中国城市，直到6年前（大约2016年），很多中国人去了摩洛哥，摩洛哥也有很多人开始学中文，我家人也知道了北京、上海和杭州（F31）； ③我听说过上海、北京、广州，但是没有听说过杭州，来这里是机缘使然。我参加了一个文化交流活动，我的寄宿家庭就在杭州，在杭州住了一年半，感觉很好（F12）。
18	餐饮美食	①我对杭州食物很好奇，试过粽子、咸鸭蛋、奶茶，感觉很美味（F25）； ②平时我会自己做沙拉，有时候会带朋友去"外婆家"大吃一顿（F09）； ③河坊街的街边小吃很美味，而且展示制作的过程，饭店的话我比较喜欢"外婆家"（F29）； ④我在杭州期间一直在跟食物作斗争，因为食物有些油，部分外国人在杭州被迫变成了厨师（F08）。

续表

编　号	初始范畴	原始记录
19	城市环境	①杭州的环境很好，生活节奏也没有上海快，很适合家庭生活（F24）； ②杭州到处都是树，还有美丽的湖（F19）； ③杭州这边有很多的树，树很高，风景也很美，自然风景和现代的东西结合得很好，适合拍照，我很喜欢去西湖杨公堤那边骑车，西湖周边也规划得很好（F24）； ④杭州的城市建筑很现代化，如来福士双子塔就非常酷，还有夜景和灯光秀（F26）。
20	外交语境	①这里的人都很友好（F13）； ②我有家人在义乌开店，现在不少尼日利亚的朋友都在浙江和广州做生意，中国菜也是我家乡最受欢迎的外国菜（F28）。
21	政策语境	①我有个朋友在这里做跨境生意好几年了，我打算毕业后在杭州创业，听说这里对外国人创业特别友好（F09）； ②杭州的创业气氛很好，"最多跑一次"服务比较棒，我在这里创业快三年了，希望杭州能有一个平台，将与外国人息息相关的政策和信息及时发布出来（F17）； ③我知道中国推行的"一带一路"倡议，感觉现在来中国的外国人更多了。杭州的互联网产业很棒，我的好朋友就在阿里巴巴工作（F13）； ④中俄之间的交流越来越多，莫斯科的商场、机场都有中文标识，杭州的互联网大会在俄罗斯主流媒体也有报道（F09）。

（二）主轴编码

主轴编码是研究中的二级编码，它主要通过对开放式编码进行聚类分析，找寻出不同范畴之间的潜在逻辑关系，凝练出更具有概括性、概念化和综合性的抽象编码。在该步骤，笔者通过 NVivo 11 软件，在原有的自由节点基础上建立树节点，并寻找各树节点之间的关系，将开放式编码所得到的 21 个初始范畴进行反复比较和分析，并根据这些初始范畴在概念层次上的因果和逻辑关系进行归类，最终形成了 6 个二级范畴：跨文化素养、跨文化沟通态度、跨文化传播有效性、跨文化认同建构、城市国际化交往及服务能力、跨文化传播语境，如表 5.6 所示。

表5.6 主轴编码范畴

主范畴	对应范畴	概　念
跨文化素养	跨文化敏觉力	跨文化交往主体对异文化差异的敏感度、包容能力及适应能力等
	文化差异认知	跨文化交往主体对异文化之间不同心理程序、文化区隔的认知能力及相关知识储备
	跨文化沟通技能	跨文化交往主体的语言能力、跨文化适应能力、自我悬置能力等
跨文化沟通态度	沟通动机	跨文化交往主体参与东道国城市对外传播活动的动机
	沟通主体利益	跨文化交往主体各方的利益是否平衡
跨文化传播有效性	媒介策略	东道国城市在对外传播活动中采用的多元化媒介传播策略（包括传播内容生产、传播渠道管理、传播形式选择等）对城市形象跨文化认知的影响
	营销策略	东道国城市营销策略对城市形象跨文化认知的影响
	传播视角	东道国城市在对外传播活动中是否采取双向性的主体间性视角
	人际传播	东道国城市当地人或"桥梁人群"对外籍人士产生的影响
	生活体验	外籍人士在东道国城市的生活体验、社会卷入度等对城市形象跨文化认知的影响
	沟通缺位/错位	跨文化交往主体之间信息不完全、信息不对称等因素对东道国城市形象跨文化认知的影响
跨文化认同建构	文化折扣与文化增值	文化产品在国际传播中因为语言、历史、信仰、价值观、审美意趣等方面存在的差异而发生的价值流变
	刻板印象与文化误读	基于自身社会和文化经验对异文化（个体或群体）过于笼统、简单化的认知，或对异文化所产生的偏离事实的理解和评价
	文化冲突与跨文化适应	调整自身行为适应异文化的能力和意愿强度对外籍人士的影响
	文化互动与交往	在跨文化传播活动中，作为不同文化承载体的文化文本之间的互动与交流的范围、频率和质量等因素的影响

续表

主范畴	对应范畴	概　念
城市国际化交往及服务能力	城市国际化语言环境	东道国城市使用国际化语言进行信息交流、提供语言服务的广度、深度对外籍人士认知的影响
	公共服务国际化建设	针对外籍人士的社区服务、医疗服务、政务服务、文化活动服务、交通服务等各类公共服务的国际化提升
	国际交流	东道国城市（组织、机构等）参与国际经济、文化、教育等跨文化交流活动的力度
	餐饮美食	东道国城市地方餐饮对外籍人士的吸引力和服务能力
	市民素质	东道国城市市民素质对外籍人士城市形象认知的影响
	城市环境	东道国城市气候、空气、水等环境因素对外籍公众城市形象认知的影响
跨文化传播语境	外交语境	中外国际关系大语境（包括政治语境、商务语境等）对外籍人士城市形象认知的影响
	政策语境	东道国当地商贸、文化、教育、人才等政策对外籍人士城市形象认知的影响

（三）选择性编码

本研究旨在探索影响城市形象跨文化认知的关键性因素及这些因素之间的典型关系结构，首先需要了解的是促使外籍人士进行跨文化接触、获取中国城市信息、形塑城市形象认知的内外部因素；其次，还需要了解有哪些因素作用于城市品牌的跨文化传播过程；最后，探讨这些影响因素如何作用于城市品牌的跨文化传播，即作用路径。

笔者在主轴编码的基础上以"故事线"（story line）的方式对杭州城市形象跨文化认知的形成因素和作用机制进行描述和探索，可以发现跨文化素养、跨文化沟通态度、跨文化传播有效性、跨文化认同建构、城市国际化交往及服务能力、跨文化传播语境6个主范畴之间潜在的逻辑关系。其中，跨文化交往双方的动机与利益是内在驱动因素，它直接影响跨文化传播活动中双方的沟通态度和立场；杭州的国际化交往与服务能力文化、外籍人士的跨文化素养均属于决定城市形象跨文化认知的基础性资源／知识能力；跨文化传播有效性则涉及作为东道国城市的杭州及外籍人士双方的沟通策略或技能。简而言之，城市传播主体与外籍人士作为参与跨文化交往的双方，各自的基础性知识及能力、沟通态度、沟通策略及技能都是直接影响城市形象跨文化认知与认同形成的重要因素。跨文化传播语境则是不可控的外部影响因素。"资源 / 知识能力—态度—策略 / 技能"的结构关系分别体现了城市的跨文化传播能力、外籍人士的跨文化沟通能力，并共同作用于城市形象的跨文化认知图景，如图 5.6 所示。

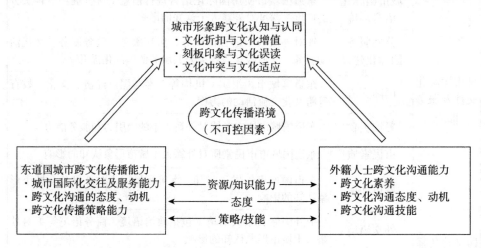

图5.6　城市形象跨文化认知影响因素及其作用机理

　　该部分的研究重心主要指向"城市形象跨文化认知影响因素及其作用机理"，尝试构建出一个全新的城市形象跨文化认知理论构架。笔者为了确保研究范畴的良好信度和效度，进行理论饱和度检验，使用预留的 5 份随机抽取的访谈资料进行编码检验，结果显示，没有发现形成新的重要的范畴和关系，且其核心范畴反复出现。

　　这一理论构架的内部关系主要如下：

　　（1）东道国城市形象的跨文化认知形成过程是一个复杂的动态过程，其形成过程主要基于东道国城市、外籍人士双方交往主体的跨文化传播与沟通能力，同时受制于跨文化传播语境。其中，东道国城市的跨文化传播力和外籍人士的跨文化交往能力主要呈现在"资源 / 知识能力—传播态度—策略 / 技能"三个方面。

　　（2）跨文化传播语境既包括大的外交语境，也包括城市当地的政治、经济等各种策略语境，对于国际公众的城市形象的跨文化认知形成而言，属于不可控的外部影响因素，而跨文化沟通双方的动机和利益是驱动其接触、参与城市形象跨文化传播的内因和动力，同时决定着交流主体对城市形象信息的获取和传播的主动程度，以及对东道国城市跨文化传播活动的参与度和卷入度。

　　（3）跨文化素养包含了跨文化敏觉力及对异文化的文化差异、文化距离的认知能力，以及跨文化交往主体的外语语言能力、跨文化适应能力、自我悬置能力等多种能力要素，是跨文化认同建构的前提和基础条件。针对跨文化交往双方的文化差异，寻求适当的文化对接口建立意义的勾连，有助于降低跨文化传播过程中的文化折扣、文化误读、文化冲突等现象的发生；对异文化保持积极合作、开放、包容的态度，有助于建立良性互动关系，促使城市形象跨文化认同产生。

（4）城市国际化交往及服务能力主要指向的是东道国城市利用自身资源进行跨文化传播的综合性能力，主要包括国际化语言服务、国际化公共服务（社区服务、医疗服务、政务服务等）、国际交流、市民素质、城市环境气候等因素，是直接影响外籍人士城市形象认知的重要因素。

（5）对于跨文化传播有效性，这里主要指向的是对东道国城市的综合性跨文化传播策略能力（包括媒介策略、营销策略、传播视角等的选择）的考量，其是决定城市形象跨文化传播能否成功的重要因素。它和城市国际化服务能力相互依存、共同作用，两者都是直接推动城市形象跨文化认同的重要条件，同时受到外籍人士对城市品牌跨文化认知度与认同度的反作用影响。

三、城市形象跨文化认知影响因素模型的现实阐释

（1）跨文化素养（包括交流双方对彼此文化差异认知的知识储备，以及其跨文化敏感度）是决定跨文化交往主体能否有效进行跨文化传播的前置条件，也是迈向成功的跨文化传播的第一步。在跨文化传播中，双方都应具备一定的外语能力和异文化知识储备，以便对文化之间的差异进行认知和理解。在霍夫斯特德（Hofstede）的定义中，所谓"文化"，就是在同一个环境中的人们所具有的"共同的心理程序"（collective mental programming），文化并非一种个体特征，而是具有相同社会经验、受过相同教育的许多人所共有的心理程序。① 对于来自不同国家、不同民族的人们，这种共有的心理程序之间存在着多样化的差异，这种差异是历史和文化沉淀的结果，即使在全球经济、文化交流日益密切的今天，它也无所不在、难以消弭。

在跨文化交往与传播实践中，大部分交往主体对异文化的认知都难以完全脱离自身的文化框架。这种存在于大脑中的文化框架，类似于西田宏子

---

① HOFSTEDE G. National cultures in four dimensions[J]. International studies of management and organisations, 1983 (13): 46-74.

（Hiroko Nishida）所提出的"文化图式"，对跨文化交往者对于异文化信息的理解、接受与传播产生了不可忽视的影响。从概念上说，"文化图式"即指"同一社会成员共享的、预设的、理所当然的、极大影响着他们的行为、语言以及对世界的理解的图式"[①]。乔治·尤尔（George Yule）认为，图式是记忆中预先存在的知识结构，我们的背景知识结构、感知世界的方式都离不开文化的决定性作用，文化图式即在某一文化中以经验为基础的预先存在的知识结构。[②]

身处异质文化中的旅居者之所以不能理解东道国成员的行为、不能充分解读东道国文化文本中各类文化符码的意义，主要是因为旅居者头脑中先在的知识结构里缺乏针对东道国文化的图式，无法激活意义的勾连。旅居者往往会将注意力放在劳神费力的"数据驱动的处理过程"（data-driven processing），而这个处理过程又会受到旅居者自身图式（self-schemas）的影响，换句话说，旅居者往往只关注自己认为重要的东西，而不是东道国成员认为重要的东西。[③] 因而，了解东道国的文化图式，是旅居者适应东道国文化的一个必要条件。反过来说，要提升旅居者的跨文化认同度，则需要充分了解其文化背景的差异，并根据其不同的文化图式，在传播内容的生产，传播渠道、传播策略等要素的选择上，作出相应的调整和顺应（adaptation），尽量生产具有文化亲近性的传播内容，采用适当的语用策略，降低旅居者的认知成本，提升其对东道国城市的知晓度和好感度。

事实上，在我国城市形象对外传播的实践当中，外籍人士常常因为各自不同的文化图式对传者信息产生认知偏差，从而产生文化折扣和文化误读。

比如在调研中，不少受访者认为西湖仅仅是一个有些宣传过度的、景色美丽的湖而已（"just a lake"），而对于西湖所承载的丰富的文化和历史意义并不了解。事实上，在中国人的文化图式中，一提到西湖，就会激活记忆中西湖丰富的文化内涵。作为历代文人名士的精神家园，西湖景观汇集了大量的中国儒释道主流文化的各类史迹，承载了特别深厚和丰富多样的文化与传统，是一个历史悠久、文化厚重的"东方文化名湖"。而对于外籍人士而言，由于对杭州当地的文化了解不够，缺乏相应的文化图式可以激活，因而对西湖的认知产

---

① HOLLAND D,QUINN N. Cultural models in language and thought[M]. Cambridge：Cambridge University Press, 1987：5-6.

② YULE G. Pragmatics[M]. Oxford: Oxford University Press,1996：87.

③ 孙英春. 跨文化传播学 [M]. 北京：北京大学出版社,2015：77.

生较大的"文化折扣"，只能看到其作为自然景观的一面。

此外，跨文化素养还包括跨文化传播中双方的"跨文化敏感度"，具体则指人激发自身理解、欣赏并且接受文化差异的主观意愿，它包括对异文化的兴趣度，对文化差异重要性的敏感程度，调整自身行为适应异文化的意愿。[①] 跨文化敏感度较高的人具有包容多元文化的心态，这是对了解、适应和欣赏文化差异，减少文化偏见，促进有效的跨文化交际行为的积极驱动，因而他们能更快地适应陌生的异文化环境，从容地应对跨文化交际过程中出现的各种问题。例如，笔者在调研中发现，美国、英国、法国、澳大利亚等国家的受访者均反映杭州当地人在交往中表现热情及友好，而印尼等国家的受访者均反映杭州当地人并不是很友好。由此可见，如果外籍人士缺乏跨文化敏感度，可能会难以适应东道国文化，从而导致文化折扣或文化休克。如果东道主传播方缺乏跨文化敏感度，同样会导致城市形象负面认知，使其成为城市形象跨文化传播的障碍。

（2）跨文化认同是交往主体跨越文化边界，与异文化的文化文本相互适应、相互建构的产物，需要以跨文化素养为前置条件，具备包容与开放的心态、贯通的知识结构以及打破族群中心主义、融汇不同文化视角的能力。跨文化认同建构是一个基于跨文化交往主体的动态变化的复杂过程，其中涉及不同文化文本之间的互动与协商调适。在本书中，城市形象的跨文化认同建构是城市品牌跨文化传播的终极目标，即在跨文化对话者双方的协商与调适中，通过平等的合作性互动和跨文化适应来尽可能减少文化冲突、文化误读、刻板印象、文化折扣等现象的产生，实现城市文化和城市形象的有效传播和跨文化认同。

在跨文化认同建构的过程中，刻板印象、文化折扣、文化误读甚至文化冲突是比较常见的困难，而跨文化适应是实现跨文化认同的有效路径。其中，刻板印象是一种常见的态度和文化心理现象，在跨文化传播研究视阈中，主要是指人们对其他文化群体特征的期望、信念或过度概括。文化误读则指基于己方的社会规范、观念体系、思维方式等对另一种文化产生的偏离事实的理解和评价。文化误读源于文化差异，受制于社会历史条件、文化交往能力，以及语言水平、知识结构等因素，也常常因为服务于解释者的某种利益需要，具有浓

---

① BHAWUK D, BRISLIN R. The measurement of intercultural sensitivity using the concepts of individualism and collectivism[J]. International journal of intercultural relations, 1992, 16（4）: 475-476.

厚的政治和意识形态色彩。

需要注意的是，在跨文化传播和交往中交际双方都有可能产生刻板印象和误读。比如，在本次问卷调查和访谈活动中，来自埃及、喀麦隆、尼日利亚的非洲受访者均提到中国人对他们的刻板印象和偏见，"其实你们对我的家乡也有误解，不是所有非洲城市都是那么'脏、乱、差、暴力'，我的朋友来自津巴布韦，他说中国人一提到津巴布韦就会提到'通货膨胀'（受访者编码F27）""埃及不是只有金字塔、沙漠和骆驼，其实我们的城市也有现代化的一面（受访者 F29）"，不少外籍人士也表示，希望杭州政府能够提供机会，让他们展示自己国家的文化。由此可见，我们在对外传播的同时，给予对方机会，搭建互相交流的平台是有必要的，这样既可以提高外籍人士在杭州的情感卷入度，也助力于双方文化的交流和融通。

此外，文化折扣在城市品牌传播过程中也是常见的现象。例如，前面提到外籍人士因对西湖文化价值认知不足产生文化折扣的现象。在讨论城市宣传片时，绝大部分受访者表示片中出现的户外晾晒的一排排油亮的烤鸭并不能带来美味的联想；此外，片中出现的名人雕塑、照片中的人物形象等同样令人难以理解。日本、韩国的受访者由于地理或文化亲近性的缘故，对茶叶和丝绸表现出更为明显的好感。来自印尼的受访者（伊斯兰教教徒）表示片中多次出现的男女亲吻镜头有些影响好感度，但他们同时表示对东道国文化的理解和跨文化适应，"片子里刚刚有男女在公共场合亲近的镜头，出现了三次，这在我们文化中是非常不妥的，但在杭州，我想也可以理解吧（受访者 F11）"。

（3）跨文化传播有效性也是影响外籍人士对杭州城市形象跨文化认知的决定性因素之一，具体涉及媒介策略、传播视角、人际传播、直接体验、多元营销传播手段以及跨文化沟通中双方的信息不完全、信息不对称等因素导致的沟通缺位和错位现象。跨文化传播研究中的有效传播（effective communication）一直是个重要议题。

这里的有效性是指具有不同文化的传播双方的意义得到相对完整理解的传播。由于传播中的"误读"不可避免，有效传播可理解为"误读最小化、信息对称最大化"。

笔者认为，城市形象跨文化传播的最终目标指向的是跨文化理解与认同的实现，即努力推动东方城市形象和城市文化从"走出去"到"走进去"。这就意味着我们要改变以前的"单向型"传播方式，无论在传播渠道、传播策略的选择还是在传播内容的生产上，都要努力摆脱"自我中心"和文化偏见，并由平等、互相尊重的互动和交流转向"对话式"传播。而对外宣传实践中的传者与受者之间单向的"传者—受者"关系，也随之转向互为主体的、双向视角的"主体—主体"型对话关系，对外宣传也因之而成为主体之间的对话、交流，从而达到视阈的融合，形成更为客观真实的认知，乃至共识的过程。

这种"双向性"对话视角转向，意味着我们在对外传播实践中坚持中国文化自我主体性的同时，还需要考虑外籍人士的沟通动机和需求，需要兼顾参与传播过程中的不同群体的利益平衡。例如，在传播渠道、传播内容、营销手段等方面不仅需要做到"内外有别"，还需要做到"外外有别"。"内外有别"意味着不能套用对国内民众宣传的方式去做对外传播。中国外文局发布的《中国国家形象全球调查报告2015》显示，在最具代表性的中国文化元素上，中外受访者认知差异明显，海外受访者对孔儒思想、书法、篆刻、民俗、戏曲、相声、杂技等传统文化的认可度明显低于国内受访者，而在中国产品、科技发明等方面的认可度却远高于国内受访者。杭州以往的对外推介工作，一向都是以西湖为重中之重，但笔者在对外籍人士的调研中却发现，来自欧美的游客对杭州一个民间美食小店或手工作坊的喜爱甚至超过西湖，一张在老街晒太阳咧着小嘴的孩子的笑脸照片，或者公园里用毛笔清水在地上写书法的中国老人照片甚至比风景如画的西湖美图更有震撼人心的能力。南宋御街、龙井茶农炒茶、河坊街小食制作，甚至古荡农贸市场，对不少欧美游客而言甚至比西湖更有吸引力。① 从霍夫斯泰德的"个人主义与集体主义"维度来看，相比中国的集体主义文化视角，处于"个人主义"文化中的欧美民众更喜欢用个体化、平民化的视角去了解普通市民的真实生活，同时，他们在谈及杭州外文媒体时表明，更倾向于观看满足个人需求的"功能性"内容，而非泛泛的"宏观视角"的活动报道和文化宣传。笔者在对杭州旅游委员会进行实地调研时发现，外籍人士对旅游线路规划的工具性功能比较感兴趣，其访问量接近50%，而对文化遗产、名胜古迹、饮食文化、节事活动等主题的关注度相对较低。杭州在对外传播实践中，已经意识到中外视角的差异，2018年杭州市旅委推出了以"我在杭州学手艺"为主题的深度体验旅游产品，结合外国人的兴趣来测评分数，确认了大关小学（中国民乐馆）、广兴堂、万事利、王星记、古荡农贸市场、西泠印社、南宋官窑艺术馆等十家单位为"我在杭州学手艺——十大外国人喜爱的访问点"。之后，杭州市120余家社会资源访问点也将陆续提供在线预约服务。

---

① 严格 .BBC制作杭州宣传片投放欧美 西湖不再是唯一 [EB/OL]. （2011-02-24）[2013-07-24].http://www.chinanews.com/cul/2011/02-24/2866707.shtml.

需要注意的是，跨文化传播中的"外外有别"策略在此处包含着两层含义。

其一，过去整齐划一的对外传播战略已经无法满足多样化的国外受众需求，在中国文化海外推广上亟须采用国别或区域差异策略，根据传播对象的不同文化背景、语用习惯、兴趣偏好等来进行传播渠道和传播内容的选择。笔者在调研中发现，美国、英国、法国、澳大利亚等发达国家的受访者认为杭州比较吸引人的地方是其自然景观与城市的完美结合，而印尼、埃及、蒙古、尼日利亚等非发达国家的受访者认为杭州的互联网技术、移动支付、高铁等科技元素更具有吸引力。笔者还发现，不同国家民众的兴趣点不同，如法国民众对中国艺术更感兴趣，德国民众对中国哲学书籍以及讲座感兴趣等。[①]

此外，人类学家爱德华·霍尔（Edward T. Hall）曾根据交际时对语境依赖程度的不同，将文化划分为高语境文化（highcontext culture）和低语境文化（lowcontext culture），并按照高低语境纬度对主要国家进行了排序，从高语境到低语境依次是日本文化、中国文化、朝鲜文化、非裔美国文化、土著美国文化、阿拉伯文化、希腊文化、拉丁文化、意大利文化、英国文化、法国文化、美国文化、斯堪的纳维亚文化、德国文化、德裔瑞士文化。在高语境文化中，信息含蓄内隐，显性的语码负载的信息量相对较少，较多的信息主要依赖交际语境来传递；而在低语境文化中，信息更为清晰外显，大量的信息由显性直白的语言符号编码负载，语言清晰易懂。通常来自高语境文化的人们倾向于高体贴式（high considerateness style）交流方式，而来自低语境文化 的人们倾向于高介入式（high involvement style）交流方式，高低语境文化之间的差异不仅表现在人际交往中，还体现在各种语言文本中。[②]例如，在宣传片的讨论上，"我在中国待了三年多了，但是对于视频中的有些画面不太懂，不知道其想表达什么意思，可能表达得太含蓄了。我对中国文化不够了解，建议解说词可以说得更明白一些（受访者F20）"。

其二，境内、境外的外籍人士需求、兴趣不同，需要在传播手段和策略上进行区别对待。比如，参与杭州境外社交媒体平台运作的外籍媒体人员在访谈中表示，"住在这里的外国人跟没来过这里的外国人不同，更想看到一些不

---

① 杨越明，藤依舒. 十国民众对中国文化符号的认知与偏好研究——《外国人对中国文化认知与意愿》年度大型跨国调查系列报告之一 [J]. 对外传播，2017(4)：36-38.

② 唐德根，章放维. 两种会话方式与高低语境文化 [J]. 东南大学学报（哲学社会科学版），2005(5)：91-94,128.

同的东西（而不只是历史的东西）。没来过杭州的外国人会对传统的、历史的东西更感兴趣，对中国风的建筑等更感兴趣，而对杭州正在出现的东西没那么感兴趣，因为他们不在这里，所以他们更想看的是美丽的照片。而住在这里的外国人，他们更想看现代的东西，他们更关注怎样在这里生活得更好，怎样参与当地的文化活动（受访者 F08、F18）"。

此外，导致外籍受访者对杭州形象好感度提升有限的一个重要因素是跨文化交往过程中由于中外沟通缺位、错位造成的信息不对称和信息不完全问题。从本次调研中可以发现，中国媒体目前仍然是海外受访者获取信息、了解中国的边缘渠道，这也与中国外文局发布的《中国国家形象全球调查报告2016—2017》显示的结果相同，近两成的海外受访者表示中国媒体"话语表达方式不地道，看不明白"。而外国当地媒体往往由于中外外交关系以及政治、经济、文化等立场不同，对中国文化和中国城市形象难以客观、真实、全面地进行媒介再现，导致境外公众难以对中国城市形象形成客观、真实的认知。例如，"我们那里的新闻很少讲到杭州，提到的中国城市更多的是北京和广州。我们以为 G20 峰会是在广州举办（受访者 F30）""我告诉朋友们我在杭州念书，他们说自己知道杭州。结果后来才发现，他们所说的是广州（受访者 F19）""很多外国人对中国的了解仅仅限于雾霾，但很少有人了解电子商务、移动支付、高铁、大疆无人机，因为他们没有来过这里，接触不到这些信息（受访者 F18）"。

杭州很早就开始致力于发展外文媒体，但这些外文媒体或因为传播内容，或因为传播渠道等的限制，在杭州外籍人士间的使用率仍然不太理想，在访谈中近八成受访者从来没有接触过这些媒介及其发布的内容。在媒体接触方面，主要存在"外语表达不地道""实用性不强"等问题，如有人认为"这些网站我都没有访问过，也没找到开放的微信群，我们通常都在 http://www.hangzhouexpat.com/ 网站及其公众号上获取关于杭州的信息，除此之外，我和我的朋友们还没有发现哪里可以获取更多信息（关于杭州正在发生什么），尤其是英语信息（受访者 F13）""我们遇到的最大的问题就是找不到杭州举办文化活动的信息，而且能提供英文服务的活动太少了，买票也不方便（受访者 F17）""真的希望杭州能有一个可即时互动反馈的公共信息服务平台，将与外国人生活息息相关的政策和信息及时发布出来，并及时回答我们提出的问题（受访者 F09）""我们刚来杭州使用境外信用卡时遇到了很多问题，但是不知该跟谁沟通，这一点让我比较苦恼。我请朋友在政府网页上找了一个工作电话，但我打过去后换了几个人来沟通也没有解答清楚……接电话的人英语不怎么好，我们无法顺利沟通（受访者 F18）"。东道国的外事服务中信息缺位、错位等问题确实在较大程度上影响了外籍人士的当地生活体验，并直接影响着其对杭州的城市印象。

（4）城市国际化建设的自我调适与管理包括城市国际化语言环境、社区国际服务、政务服务、医疗服务、餐饮服务、城市环保等多方面的改善和提升，以及市民文化素质的提升。城市国际化建设带给外籍人士的是印象深刻的直接体验，对其杭州城市形象认知的形塑力度超过了媒介和亲友介绍等的影响力度。如果东道国城市的各种服务的国际化程度无法跟上城市对外开放的节奏，则很可能会降低当地的"社会可进入性"和"文化可进入性"，并且影响作为"桥梁人员"的在杭外籍人士的二次传播力度和态度。比如，笔者在调研中发现，杭州的汽车让人现象、政务服务中新推出的"只用跑一次"服务等有效地提升了好感度，推动外籍人士对城市形象正面认知的形成。

第五节　困境与反思：对话的缺失与错位

结合问卷和访谈两个部分的调研情况，可以看出，在杭州的城市形象对外传播实践中，城市形象的"自塑"和受众认知的"他塑"尚未达成双方经验共识的有机统一，城市跨文化传播能力仍然有较大的提升空间。当具有异文化背景、有着不同的文化图式的国外民众与东道国城市传播主体相遇时，双方跨文化素养的缺乏、信息传播不对称，以及文化折扣、文化误读、刻板印象和偏见等情况的发生往往导致城市形象跨文化传播效力不高、跨文化认同受阻。而这些传播障碍的本质即源自跨文化传播实践中"对话"的缺位与错位。跨文化对话思维的缺失，导致双方无法实现信息传递的"通达"和意义的"共享"。在这里，"对话"是关注主体间性的双向过程，是以平等和互相尊重对方文化主体性为前提条件的过程。与此同时，对话也是一个动态的互动与调适过程，包含了对话双方之间相互的"表达""倾听""协商"三个步骤，缺一不可。

从传播的内部动因来看，跨文化对话思维的缺失导致传播主体往往只侧重信息的"自我表达"，而对外籍人士的沟通动机和现实利益缺乏足够的关注，进而导致对外传播实践中传播策略效果不佳以及城市国际化建设自我调适中偏差和错位的出现。例如，因为实用性和工具性的缺乏，在杭外籍人士对东道国城市本地的官方外语媒体使用率较低，反而更偏好页面简单、功能实用的民间网站（如 http://www.hangzhouexpat.com/ ）和公众号。此外，还会因为现实需求未被"倾听"而导致其对城市好感度降低。在以往的对外宣传工作中，城市传播主体过于侧重与坚持文化的自我主体性，但良好有效的城市形象建构和传播还需要兼顾各类跨文化沟通群体的"利益平衡"，使城市形象对外传播成为面向不同跨文化交往群体的友好对话和互动。

从传播的有效性来看，由于跨文化对话思维的缺乏，导致当前的城市形象跨文化传播实践中以政府为主的传播主体单一，对当地教育机构、企业、民间组织和普通公众的传播影响力不够，未能形成多层级、立体化的对外传播体系，而且对作为"桥梁人群"的在杭外籍人士的传播影响力也缺乏足够的重视。笔者在调研中发现，绝大部分在杭外籍人士均具有较强的二次传播潜力和推介意愿，他们不仅可以跨越地理和文化的隔阂，提升跨文化认同和好感度，还可以转换身份，直接成为参与中国文化和中国城市推介的专业媒体人。他们作为具有中国文化体验的意见领袖，不仅能影响其强关系人群对杭州和东方文化的情感和态度，还能向外进行新一轮的发散性传播，通过网络社交媒体辐射到更大范围内的弱关系人群。在本次调研中，不少欧美受访者表示会在 YouTube 上查看外籍人士发出的在中国游玩的视频，韩国受访者也表示经常在韩国的 NAVER 上访问旅居杭州的韩国人所写的博客并获取有用信息。

此外，对话思维的缺乏还导致对外传播中的"级差意识"普遍缺失，城市传播渠道的选择、传播内容的生产未能顾及境外不同文化群体的媒介使用偏好、文化兴趣偏好及现实需求等因素。当前我国城市对外传播的一个普遍误区是偏重传播者主体意识，过于强调我们要传播什么，想让国际公众接受什么样的形象，相对缺少受众客体意识，对来自不同地域、不同国家，拥有不同文化背景，不同年龄下的国外民众的中国文化的认知现状以及其现实需求缺乏足够的了解和判断。[1] 例如，笔者在调研中发现在杭外籍人士对杭州本土外语媒体的接触率总体较低，虽然他们认为官方信息可信度更高，但也表示本地新闻往往"官腔过重，缺乏创造性和趣味性，语言也不够地道"，也有人认为本地新闻其实大多"与自身利益无关"，所以不太关注。此外，在传播手段的选择、传播内容的生产上需要导入对话思维，针对传播对象的"中外有别"、外籍对

---

① 杨越明，藤依舒 . 十国民众对中国文化的接触意愿与渠道研究——《外国人对中国文化认知与意愿》年度大型跨国调查系列报告之二 [J]. 对外传播，2017(5)：30-33.

象的"境内、境外有别"和外国文化间的"外外有别"，在自我表达上及时调整文化主题推广的侧重点，在语用习惯、意义框架的激活等维度进行顺应性调适，主动向对方的文化图式靠拢，降低国际公众对东方文化元素的认知成本。比如在传播内容的生产上，在宣传片或境外社交媒体的外宣推广文本中，从中国的高语境文化向美国、德国等低语境文化传播时，主动将含蓄内隐的话语文本调整为信息明晰、显性直白的话语文本，对外籍人士难以理解的文化元素，包括画面和音乐进行适应性调整或信息补充。对于持不同意识形态的境外公众，在生产传播内容时主动"去意识形态化"，有效规避文化冲突的因素，寻找文化共通点，力求生产具有文化亲近性的传播文本，提升城市形象跨文化传播效力。

一直以来，杭州西湖都是对外推介的重中之重，然而笔者在调研中发现，受访者到中国一般会选择上海、广州这样国际化程度相对较高的城市，如果单纯从自然风景的观赏性角度出发，杭州西湖本身并不具备太大的竞争力，而西湖背后所承载的丰富的文化内蕴，对于不懂中文的外籍游客来说知之甚少，一时之间难以理解和认同。近年来，杭州市旅委开始努力转换视角，尝试以更为平民化、个人化的视角寻找新的方法展示东方文化的魅力。2017 年 11月，杭州市出炉了 40 个标杆社会资源国际旅游访问点，南宋官窑艺术馆、清河坊历史文化街区、东山农贸市场等地为外籍人士提供多元化的深度文化体验。①2019 年，杭州将作为非遗曲艺书场代表的大华书场也纳入了国际旅游访问点，大力促进东方传统文化的国际传播。

综而观之，城市品牌的跨文化传播是一个复杂的动态过程，要想提升城市跨文化传播力，先要厘清外籍人士对东道国城市文化形象认知的形构过程和影响因素。本研究以问卷调查和深度访谈收集到的资料为基础，运用 NVivo 11 软件，结合三级编码的方法，构建了"城市形象跨文化认知影响因素及其作用机理"的概念模型，发现"跨文化素养、跨文化沟通态度、跨文化传播有效性、跨文化认同建构、城市国际化交往及服务能力、跨文化传播语境"这 6个主范畴对外籍人士的城市形象跨文化认知存在显著影响，并分析了它们之间典型的关系结构，认为跨文化传播素养是城市形象跨文化传播顺利进行的先置条件，跨文化传播语境是不可控的外界因素，跨文化认同建构是传播的终极目标。本研究除了选择美国、日本、法国等发达国家，还纳入了波兰、罗马尼

---

① 殷军领．杭州出炉 40 个标杆社会资源国际旅游访问点 [EB/OL]. (2017-11-10) [2020-07-04].http://zjnews.zjol.com.cn/zjnews/hznews/201711/t20171110_5595661.shtml.

亚、印度尼西亚、埃及等作为"一带一路"沿线国家的代表，为研究提供了新的亮点。

　　笔者在调研中发现，跨文化对话思维的缺失是导致传播有效性不理想、跨文化认同难以建构的根本性原因。"沟通的断裂"不仅始于文化差异和传播策略带来的理解错位，还源于国家之间外交关系、经济、政治等综合元素所导致的传受主体间信息不对称和文化偏见。受各种因素影响，境外媒体对我国城市形象难以做到客观、真实的再现，这就不可避免地导致了境外民众对中国城市形象和城市文化的定式和偏见。要减少和消解他们的认知偏见，需要我们导入对话思维，摈除过去自我视角的对外宣传话语体系，从对外宣传的"传者—受者"的关系逐渐转向"对话者"的关系，进一步探讨如何弥合中外文化和信息的鸿沟，建立勾连和意义共享，如何通过平等互惠的跨文化对话机制构建"跨文化沟通共同体"。

第六章 "对话"何以可能：城市形象跨文化传播的对话模式

城市形象的对外传播实践从本质上说就是具有不同文化图式的交往主体之间的跨文化传播与互动过程。交往主体可以是政府机构、民间组织，也可以是个人。而这种文化之间互动的客体——信息载体，即文化符号学者洛特曼所说的"文化文本"，包括文学、艺术、哲学、科学、宗教、礼仪、习俗等方面的作品、事物、现象。这种文化文本之间的跨文化接触与互动，往往具化在"文化符号域"层面。

文化符号域是文化文本构成的基本单位，是体现国族独特文化景观的基本元素。然而从某种程度上说，文化之间的理解是相对的，不理解的存在却是绝对的，因为人们总是习惯于自己的思维和认知模式，只关注自己认为重要的东西，难以进行互惠性理解，往往导致跨文化交往中的文化折扣、文化误读和认知偏差等各种沟通障碍。这种沟通阻碍在前面的杭州实地调研中比比皆是。在当前的城市对外传播实践中，我们要解决的难题包括但不止于"你说的我听不懂""你说的不是我想听的""我们是不一样的群体""我们的文化不是你想的那样"等。这类沟通问题都有可能导致城市形象跨文化传播的错位和断裂。

如前面所述，"对话"可以减少文化交往主体间划界自守、相互隔绝的状态，并具有处理沟通危机、协调利益分歧、弥合文化差异和冲突的作用，"对话型"跨文化传播关注的不仅是文化的差异，还包括以积极合作的态度努力寻求文化间的共通性，不仅"求同存异"，还要"借同讲异"，实现跨越文化边界的意义共享和交流。因此，只有跨文化"对话"的实现，才能有效弥合信息的鸿沟、跨越文化的藩篱，减少外籍人士对城市形象认知和城市客观现实形象之间的认知偏差，构建意义共享的沟通共同体。

第一节　城市形象跨文化"可对话性"的实现基础

一、理论基础：作为"桥梁"的跨文化对话间性空间

在跨文化传播的过程中，不同的文化系统间存在着文化普遍价值与文化间性，因此在跨文化对话交流时会产生类似于伽达默尔（Gadamer）所提到的"视域融合"的跨文化对话间性空间，其可供不同文化交流者进行互动协商。在这一跨文化对话间性空间中，不同的文化系统可以相互融合，从而使不同的文化体系相互吸收消化，达到信息传播与文化交流的目的。这一文化对话间性空间有别于哈贝马斯的实体物理公共空间，是在文化想象与文化交互的基础上建构出的一种文化拟态空间。① 它是一种勾连不同文化体系相互交融与适应的基础构件，是增强其传播传受双方跨文化传播效果的一个新途径。

"文化间性"的存在，又为跨文化传播提供了切实可行的对话和沟通基础，使得跨文化交往的双方有了可以建构意义的勾连、进行对话磋商的一个间性空间。因此，跨文化传播的本质可看作不同的文化主体在跨文化间性空间中进行文化对话、协商及调整等互动的过程。跨文化对话间性空间的形成，对提升跨文化传播的效能有着关键性作用。② 可以说，在跨文化传播过程中，文化间性空间的形成是不可避免的，而且决定着跨文化交往双方之间的文化距离是否能被跨越、文化冲突是否能被调适协商、文化差异是否能被理解和认同、意义是否能够实现共享，从而在提升跨文化传播效果方面发挥着关键性的作用。值得一提的是，跨文化传播主体更应该思考的是如何进入这种"超文化间性空间"，是基于平等合作的态度主动建构、有设计地进入空间，还是被动地、随波逐流地进入空间。

从理论基础上说，跨文化对话间性空间起源于哲学概念"间性论"（interology），在间性理论中，间性具有平等性、多边性、对话性、互动性等

---

① 杨石华.跨文化对话间性空间的建构与完善 [J].传播与社会学刊，2017(41):217-250.
② 杨石华.跨文化对话间性空间的建构与完善 [J].传播与社会学刊，2017(41):217-250.

特征，而对话精神是其核心精神。在跨文化传播领域中，"文化间性"是间性理论的主要体现。"文化间性"是指"文化成员通过协商和合作实现互惠互动的文化间的复杂结合，使不同文化视角相遇的空间"①。"文化间性"在汲取了胡塞尔的主体间性理论、德勒兹的以差异哲学为基础的"生成原则"、巴赫金的他者理论、伽达默尔的视域融合理论以及哈贝马斯的交往行为理论等的养分后成为一个相对成熟的理论。它克服了"文化混生""文化融合"等概念的缺陷，以文化间的开放为前提，以求同存异的交往、商谈、互为主观等途径扩大开放融合的空间。②

此外，对跨文化对话间性空间有着较大理论影响的还有"第三空间"理论与"第三文化"理论。跨文化研究领域的"第三空间"概念与社会学家雷·欧登伯格（Ray Oldenburg）所提的"第三空间"概念有所不同，这里的"第三空间"不是指咖啡馆、图书馆等实体场所，而是指不同文化在交流过程中产生的、介于两种或多种文化之间的语言文化空间，它既有第一、第二空间文化的特征，又不同于第一、第二空间文化。在后殖民理论中，霍米·巴巴提出的"第三空间"也是一个比较重要的概念，他认为两种文化在交流摩擦的过程中会产生一个第三空间——"填隙式空间"（interstitial space），两种文化在此空间中可以进行平等的交流和协商，因此文化差异的问题可以得到合理的解决。霍米·巴巴指出，文化的"我者"与"他者"需要通过"第三空间"来实现交流。③

跨文化对话间性空间与第三文化空间的另一个差别是，在跨文化传播的过程中，传播主体应有意识地提高自身的跨文化敏感性，有意识地引导不同的文化体系进入文化对话间性空间，通过在文化、语言、媒介等多个层面采用相应的勾连和调适策略，构建意义共享、融通的"沟通共同体"，最大限度地提升跨文化传播的效果，促进对话双方的理解与文化认同。

二、现实基础：技术、共享价值观与文化图式

跨文化"可对话性"实现的现实基础主要体现在以下三个方面。

① DAI X. Intersubjectivity and interculturality：a conceptual link[J]. China media research, 2010, 6（1）：12.

② 蔡熙. 关于文化间性的理论思考 [J]. 大连大学学报,2009, 30（1）：80-84.

③ BHABHA H K. The location of culture[M]. London & New York：Routledge, 1994：26.

一是科技发展带来的更为强大的信息"可及性"（accessibility）。随着现代交通的便利、通信的发达、VR/AR/MR 等沉浸式技术飞速发展，跨文化交往主体之间进行信息传递与交流的限制越来越少，无论是信息传播的即时性、传播范围的广度，还是信息互动的密度，都比历史上的任何时期具备优势。

二是不同文化之间的共享价值观仍然存在。在跨文化传播学研究中，价值观是影响跨文化交流的一个重要维度。价值观是关于真善美的共识，它包含于文化模式之中，通过与自然和社会的互动来指导社会；价值观是一个人对周围的客观事物（包括人、事、物）的意义、重要性的总评价和总看法，是决定人的行为的心理基础。不同文化间所存在的为人们所共享、共同认可的价值观，则为跨文化传播提供了现实可行性。

有学者曾经探讨过文化间价值观的共性，如美国心理学者凯瑟琳·达尔斯伽德（Katherine Dahlsgaard）等人审视了中国（儒家和道家）、南亚（佛教和印度教）、西方（希腊雅典哲学、犹太教、基督教和伊斯兰教）的哲学和宗教典籍之后，发现其中存在六个共享的美德（shared virtue）：勇气（courage）、公正（justice）、人道（humanity）、节欲（temperance）、智慧（wisdom）和超越（transcendence）。[1]2004 年，萨默瓦等在《跨文化传播》中曾提道："真正为成功的交流做出贡献的，往往是我们的相似性而不是差别。"[2]

中国学者关世杰对"共享价值观"（shared values）进行了定义，即当今两种或多种文化中都追求或接受的价值观，并指出共享价值观不同于"普世价值"观，寻找共享价值观的难度比寻求"普世价值"观的难度小。他在对"世界价值调查库"中的中美价值观进行对比后，发现中美价值观中完全不共享的价值观占少数，基本共享的价值观和基本不共享的价值观占多数。[3]盛邦和等对东北亚地区文化进行了研究，发现中国、日本、朝鲜、韩国等国之间存在"以人为本""和谐"等不少共享的价值观。[4]不同文化之间存在一定的共性是客观的现实，寻找文化间的共享价值观，则是跨文化沟通顺利达成的重要基础。要实现城市跨文化可沟通性，就需要在过去"求同存异"的基础上"借同

---

[1] DAHISGAARD K , PETERSON C ,SELIGMAN M E P. Shared virtue: the convergence of valued human strengths across culture and history[J].Review of general psychology, 2005, 9(3)：203-213.

[2] SAMOVAR L A , PORTER R E, MCDANIEL E R . Communication between cultures[M]. 4th ed. Boston: Wadsworth, 2004：298-299.

[3] 关世杰.跨文化交流与国际传播研究 [M].北京：中国社会科学出版社，2011：47.

[4] 盛邦和，井上聪.新亚洲文明与现代化 [M].上海：学林出版社,2003：37-51.

讲异"，"同"是双方沟通的基石。

三是文化图式可调适、可重构的弹性和包容性。文化图式（cultural schema）对人们的行为、语言以及理解认知世界的方式产生难以忽视的重要影响。大量研究已经证明：图式具有预期作用，跨文化交往主体接收的信息与图式相互作用，相应图式被激活，就能顺利理解。相反，在城市形象跨文化传播中，如果遇到东道国文化中对应文化图式空缺、错位甚至产生图式冲突的情况，外籍人士则无法激活其母国文化中相应的文化图式，从而造成理解和交流障碍。从某种程度上说，不同的文化图式成为他们实际上观看世界的"认知滤镜"。

但在现实交流中，不同文化的文化图式往往存在差异，无法完全对应；与此同时，它又具有一定的同一性，不同文化中对自然界中存在的各种事物，如江、河、湖、海、花、草、树、木等的认识大体上是一致的，情感上也有共通性。此时，跨文化交往主体可以通过信息增补、挪用、拼贴等多种方法来对文化图式进行调适和重构，直至沟通完成。例如，在中西方跨文化沟通中，将"梁祝化蝶"的典故重构转换成"中国的罗密欧与朱丽叶"。

在城市形象的跨文化传播中，国际公众对东道国城市的跨文化认知往往是"图式驱动"（schema-driven）的，而在跨文化交往和互动过程中，双方文化图式可重构、可调适的弹性和包容性，无疑为跨文化对话提供了现实基础和可行性。

第二节　城市形象跨文化"可对话性"的实现路径

一、跨文化"可对话性"的发生维度

跨文化沟通发生在表层的文化符号域层面，以及深层的文化价值观、价值体系层面。霍尔的"文化冰山理论"（iceberg theory of culture）是研究文化差异的重要理论之一，其研究焦点是组成文化的要素以及这些要素中显性的部分和隐性的部分。

事实上，文化的隐性部分支撑着并体现于外在显性的符码系统中，因而也警醒我们在尝试与具有不同文化的人进行沟通之时，不能忽略其语言、态势、色彩、声音等外显性符码部分背后的隐性基础。价值观则集合了不同文化之中相对稳定的、包含情感和认知成分的观念，构成了文化的"深层结构"，以及支配人类行为的"无意识模式"，是影响个体社会化和社会行为的主要因素。文化冰山理论提醒我们注意，文化并不是完全可见、可闻的，除了外在的行为模式和制度规定，还有许多潜规则和看不见的观念时刻左右着人们的言行和交流。要建构跨文化"沟通共同体"，实现跨文化认同，跨文化主体间的交流与沟通不仅要在"浅层"的显性外在的文化符号域层面进行，还应该在冰山之下更"深层"的价值观层面进行，如图 6.1 所示。

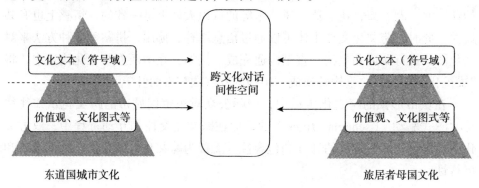

图 6.1　城市形象跨文化对话模式

二、跨文化"可对话性"的实现路径：对话思维的引入

人们在文化取向、价值观念、社会规范和生活方式等方面的差异会导致他们在编码过程、言语和非言语行为以及篇章或话语组织方面的差异，这种差异影响着跨文化交往的准确性和有效性，使彼此产生误解甚至敌视。这个问题随着国际经济、文化、科技等交往活动的日益频繁而愈加凸显，在当前国内城市的跨文化传播和推广实践中也同样存在这种问题，以城市管理者为主导的城市传播主体积极开展各种跨文化营销和传播活动，但绝大部分城市在国外公众中的知名度和美誉度都亟待提高，海外公众由于长期身处缺乏中国城市信息的媒介环境，对我国城市的了解大都集中在北京、上海、广州、西安、成都等极少数城市。笔者在此次调研中发现，来中国之前从未听说过杭州的、来之前误

以为广州是杭州的受访者人数不在少数；对那些在杭时间不短的受访者而言，其中大部分人对杭州的好感度主要来自这座城市的自然风光、互联网技术、高校教育资源，以及悠闲的城市生活节奏，而对杭州文化资源和文化魅力比较了解的人寥寥无几。文化因地域、历史、民族等而具有符号的边界性，历史悠久的中华文化更是如此，语言和文化的隔阂，使得这座城市对拥有异质文化的人而言"社会可进入性"较低，文化活动的参与度、卷入度较低。

在这样的交流语境中，"对话"思维的引入已经成为跨文化主体达成沟通的必要条件。我们常常见到城市传播者在努力促进与国际友人的沟通，也常常感受到"传而不通"的文化沟壑，正如外籍游客能欣赏西湖的自然风光，却无法领会到西湖景区"每走一步，都会惊醒一个名人的梦"的文化魅力；能穿梭在北京的胡同大院，却感受不到老北京胡同文化的情怀和韵味；能看到好斗且武力高强的孙悟空、衣着破烂的济公，却读不懂他们背后意蕴丰富的文化所指。文化间的传播和对话不是文化符码的简单罗列和拼贴，其需要通过意义的共享、视域的融合方能理解。

引入了对话思维的跨文化传播，才是实现跨文化对话、提升城市形象跨文化传播力的重要路径，而不同的文化文本正是经由意义框架的"勾连—协商—共享"的阶段性路径推进，最终以异文化交往主体之间相互的跨文化理解和认同为目标指向。

第三节　从"走出去"到"走进去"：城市跨文化传播力的提升策略

本研究认为，"对话型"跨文化传播是提升城市跨文化沟通和传播能力的有效机制，它的作用场域存在于前面所阐述的跨文化对话间性空间。"对话型"跨文化传播以平等对话为前提，以消除误解和冲突为目标，建立了人与人之间，以及各种行为体之间、各种民族文化文本之间相互协商、包容开放的交互关系，并提供了自我与他者共同"在场"的相互审视，包括价值观、生活方式和社会规范的相互参照。对话思维的引入，意味着传播双方由既往的"传—受"关系转向了"对话者"关系，使具有不同文化背景的对话者通过合作性对话、互惠性理解寻找到意义对接的连接点，弥合因差异而造成的裂痕和对立，有效避免民族中心主义、刻板印象、偏见和歧视等常见的跨文化传播障碍，实现传播和对话的互补互促、有机统一。

前面已经讨论了城市国际形象的三个组成部分：城市自我建构和传播的现实形象、他者视角的媒介再现形象和公众认知的主观形象。城市的现实形象包括城市建筑、基础设施、景观绿化、经济实力、教育实力、国际化建设程度等各种具有客观属性的实体或非实体，特征相对稳定，它与海外媒介再现的城市形象一样，短时间内改变难度较大。海外媒体再现的城市形象属于不可控因素。海外公众对于城市的主观印象和看法受大众传媒、人际接触、社会环境等多方面因素的影响，具有明显的差异性和较强的可塑性。在本书中，提高城市形象跨文化传播力、塑造良好的城市国际形象主要指向的是海外公众主观认知的城市形象。

从前面的调研分析可见，城市自我构建的完善不一定会产生理想的城市印象，城市形象的"自塑"和"他塑"也不一定能达成双方经验共识的有机统一。海外媒介受政治、经济、历史等多种因素影响，很难对中国城市进行客观、真实、全面的呈现。长期生活在这种媒介环境中的外籍人士，由于信息缺乏、信息不对称以及文化差异，易于对中国城市形象产生认知不足或者认知偏差。在这种语境下，更加需要城市传播者积极加大对外传播力度，丰富对外传播渠道，提升对外传播效能，以削弱海外公众对杭州城市形象的认知偏差和刻板印象，传递更为客观、公正、多元化的中国城市形象。

当前我国的城市形象对外传播应该充分认识到他者认同和自我认同的同一性与对抗性、建构性与解构性的矛盾，充分利用"自塑"与"他塑"、"塑形"与"矫形"、"自传"与"他传"的博弈与共谋所释放的正面、积极的传播效能。[①] 基于前面的阐述和分析，笔者认为城市形象对外传播远非控制性策略变量的简单叠加，而是"文化对话策略、城市营销传播策略、文化文本对话策略"三者交互作用形成的整合性结构。要提高城市的跨文化传播能力，需要在对话的视角下，通过"对话型"跨文化传播模式，从宏观的文化策略层面、中观的城市营销策略层面以及微观的文化文本层面一起推进对外传播实践，在整个过程中，各个传播维度都应尽量遵循"平衡原则"和"顺应原则"。以下是对该策略模型中的"一个框架、两项原则"进行的探讨与解释。

---

① 周明伟. 国家形象传播研究论丛 [M]. 北京：外文出版社，2008：70.

一、城市形象跨文化传播力的框架及要素

跨文化传播力（intercultural communication competence）的概念出自 20 世纪 50 年代美国学者针对海外技术人员和志愿者的研究。此后，这一概念一直与旅居者调整、移民适应、群体传播、文化休克、跨文化培训、国际管理、留学生咨询等研究密切关联。不少学者在这一领域进行了广泛而深入的研究，并构建了各自的跨文化能力框架，其中比较有代表性的是丁格斯（Dinges）、利伯曼（Lieberman）、拜拉姆（Byram）和迪尔多夫（Deardorff）等西方学者的观点。

丁格斯和利伯曼在对跨文化能力研究的综述中指出，跨文化能力包括认知技巧（cognitive skills）、情感品质（affective qualities）和行为能力（behavioral competencies），认知技巧指关于交际双方文化的同质性、异质性特点的知识；情感品质指对不确定性的容忍度、灵活性、共情能力、悬置判断的能力；行为能力指在跨文化环境中解决问题的能力和完成任务的能力。[①] 西方学者在此之后的研究也大多延续了这条心理学的三分路线，迪尔多夫在其基础上进行了一定的改进，认为跨文化能力是"建立在个人跨文化知识、技能和态度基础之上，并在跨文化交际实践中表现出来的有效、得体沟通的能力"[②]。学者拜拉姆则认为，跨文化交际能力包含语言能力、社会语言能力、话语能力，具体而言，主要包含以下层面：一是态度层面，即搁置对其他文化所持的怀疑以及对自我文化的信仰的好奇心、开放度和成熟度；二是知识层面，即关于社会群体及其产物、在本国和对话者所在国进行实践、社会和个体交际过程的知识；三是解读和联系技巧，即解释其他文化的资料文件或事件并将其与本书中的某些资料或事件联系在一起的能力；四是探索和交际技巧，即获取新的文化知识和文化实践的能力以及在实际交流和交际活动中运用知识、技巧及管理自身态度的能力；五是批判文化意识/政治教育层面，即批判性评估自我文化和其他文

---

① DINGES N G, LIEBERMAN D A. Intercultural communication competence: coping with stressful work situations[J]. International journal of intercultural relations,1989, 13 (3): 371-385.

② DEARDORFF D K. Identification and assessment of intercultural competence as a student outcome of internationalization[J]. Journal of studies in intercultural education, 2006,10(3): 241-266.

化或本国现行的标准、社会实践和文化产物的能力。[①]

笔者认为，跨文化能力的概念不是一个普适性的概念，而应当视所应用的领域的差别而有所不同，并且具有文化特殊性和情景特殊性。以上概念的探讨主要集中在人际传播的研究领域当中，而在城市形象的传播实践中，传播主体既可以群体，又可以个人和机构，传播方式也更为复杂多元。

基于对学者理论的梳理和分析，笔者认为可以根据"态度立场（attitude and position）、知识能力（basic knowledge and competence）、策略能力（strategy and skills）"的框架来分析城市跨文化传播力的构成元素。其中，态度立场指城市传播主体应秉持平等、开放、包容、合作、互相尊重等积极的传播态度；知识能力是指城市传播主体的跨文化知识、跨文化敏感度、语境识别能力、自我悬置能力（self suspending）、文化描绘（culture mapping）、文化共情能力（cultural empathy competence）等基础性的知识与能力；策略能力则指城市传播主体在对外传播实践中的文化文本对话策略、城市营销传播策略、文化对话策略。笔者在前一章的分析中发现，这种"资源/知识能力—态度立场—策略/技能"的关系模式正好反映了城市跨文化传播能力的构成。

二、城市形象跨文化对话的策略框架

笔者认为，跨文化沟通主要发生在两个维度：表层的文化符号域层面，以及深层的文化价值观层面。在城市形象的"对话型"跨文化传播策略框架中，文化对话策略处于框架的最底层，也是最基础的层面，在这个层面进行的跨文化沟通与互动，对应的是"文化冰山"理论中处于水面之下的价值观体系、文化图式等隐性文化部分；文化文本对话策略则位于框架的上半部分，这个层面发生的跨文化传播主要是不同文化文本之间的互动或冲突，对应的是"文化冰山"理论中处于水面之上的显性文化部分，如建筑、艺术、烹饪、音乐、语言等；城市营销传播策略则位于两者之间，主要包括事件营销、展会营销、文化展览等多元化的营销手段，该层面发生的跨文化沟通既涉及表层的文化符码互动，又涉及深层的价值观体系的支撑，如图 6.2 所示。

---

① BYRAM M. Teaching and assessing intercultural communicative competence[M]. Clevedon: Multilingual Matters, 1997：2-14.

图6.2 城市形象跨文化对话的策略框架

（一）文化文本对话策略

事实上，大部分传播活动都包含表层文化符码和深层价值观体系两个层面上的沟通。在城市形象跨文化对话策略框架中，文化对话策略是大部分文化互动行为的基础语境或者说底层支撑，文化符号则是大部分互动行为的表层呈现。在文化符号学中，文化文本主要包括文学、艺术、哲学、宗教、礼仪、习俗等多种文化符号系统，是人类根据特定目的对文化符号进行选择和重组的结果，也是人类认知世界的直观表达。大部分文化符码的载体，甚至人本身都可以被视为文化文本，只要它承载了信息，成为完整意义和整体功能的载体。

文化符号（包括语言、音乐、颜色、建筑、态势语、表情等各种承载文化信息的符号）是构成文化文本的基本单位，文化符号域是一个庞大、复杂的体系，它的产生和演变受制于不同国族文化中的价值观、世界观、思维方式、民族性格、风俗习惯、宗教信仰、语言文化等体系的独特性，是体现国族独特文化景观的基本元素。在不同的文化符号域中，有些东西是相通的，具有普适性，有些东西是不同的，因时因地而不同。因而，文化文本层面的沟通互动具体表现在不同文化符号体系之间的互动和洽商上。文化文本对话策略主要包含了三种策略，即合作策略、关联策略、顺应策略。

1. 合作策略

在文化文本的对话交往中，合作原则是一条基本原则，为了保证交际顺利进行，达成跨文化理解和共识，会话双方应彼此合作，遵循一定的语用原则。实际上，在语言交际的领域中，格赖斯（Grice）认为合作原则包含四大准则（maxim），即"量的准则（the maxim of quantity）、质的准则（the maxim of quality）、关系准则（the maxim of relation）、方式准则（the maxim of manner）"[①]。其中，量的准则要求：所说的话应该满足交际所需的信息量，所说的话不应超出交际所需的信息量；质的准则要求：不说自知是虚假的话，不说缺乏足够证据的话；关系准则要求：所说的话要相关联；方式准则要求：话语信息要避免晦涩、避免歧义、简练且条理清楚。在以上四条准则中，前三条是处理人们在沟通时"说什么"的问题，第四条是处理"怎么说"的问题。遵守这些准则，人们就能高效率地进行对话和传播。

格赖斯的合作原则提出之初主要针对的是人际传播中的语用问题，但因其具有强大的解释力，所以也常常被用来观照跨文化传播活动。在城市形象的跨文化传播策略中，合作原则依然能为其中文化文本的对话策略提供启示，只不过在这里对话与互动发生在文化符码之间，文化符码包含了语言、音乐、颜色、表情等各种信息符号，比语用学的范围更广泛。从城市形象传播者的角度来看，要提高跨文化传播能力，就需要遵循合作策略，例如，在与外籍人士跨文化沟通的过程中，需要尽力提供足量的信息，不能提供明知是虚假的信息，提供的信息要有关联性，信息要简单明了等。在面对外籍人士进行推广时，不管是直接的语言沟通，还是文化资源或文化产品的介绍、推广、展览，不管是以语言符码、音乐符码、图像符码出现，还是以别的符号体系出现，都需要遵从信息足量、可信、相关、真实、清楚明了等原则，以便于降低对方的认知成本，提高传播效率。本次调研中的受访者在面对杭州城市形象海外新媒体推文和宣传视频时，不少人因为推文或视频提供的含糊不清的内容，或产生误读，或放弃解读，导致沟通断裂。

2. 关联策略

在语用学研究领域中，交际被看作是一种认知活动。比如，语言交际就被看作是一个非论证性明示—推理过程，人类的认知以最大关联为取向，语言

---

① GRICE H P. Logic and conversation[A]. COLE P, MORGAN J L. Syntax and semantics (Vol. 3): speech acts [C]. New York : Academic Press, 1975 : 305–310.

交际则以最佳关联为取向。① 对于交际者来说，若想取得交际的成功，应在具体语境中寻求话语的最佳关联性。笔者认为，在文化文本的跨文化沟通中同样如此，跨文化沟通双方在"编码—解码"的过程中，都需要在当下语境中寻求彼此文化符码之间的意义关联性，尽量提供可以激活对方文化图式的、具有最佳关联性的信息，从而使传播主体能以最佳效果传递信息，而参与传播的另一方能在处理文字、图像、音符、色彩等各种文化文本所传递的信息时，以最小努力获得最大的语境效果。例如在调研中，有位受访者谈到她最爱的食物是杭州的煎饼馃子，但她在向其英国朋友介绍时难以表达清楚，于是灵机一动介绍为"Chinese sandwich"（中国版三明治），虽然英国文化图式中缺少煎饼馃子的对应图式，但对方仍然能马上大致了解这种异国食物。对于城市形象传播者而言，应尽量遵循文化接近性原则，提供符合或接近对方文化图式的信息，便于其顺利对接自己的文化图式，建立意义的勾连，实现意义的共享，从而提高对话和传播的效率。

3. 顺应策略

在跨文化传播中，语言等符码的使用即符码的选择过程。语言的选择则指从交际语境、语用规则等方面，根据不同的交际目的和心理意识程度作出的动态顺应，这里的"选择"主要包含以下三个重要内容，即变异性、磋商性、顺应性，其中顺应性是保证交际成功的关键。② 从城市形象的跨文化传播的角度来看，顺应策略跟合作策略、关联策略是互促互补、有机统一的。笔者认为，跨文化传播中的顺应包括对语境、对沟通对象（文化背景、外语能力、媒介使用偏好等多方面）、对文化符码的选择（类型、风格、主题倾向等）等各个层面的顺应，顺应的过程也是为了向对方提供最佳关联的信息。可以说，顺应是一个基于合作的态度寻求和呈现关联的动态过程。城市传播主体在对外传播实践中同样需要秉持合作的态度，在文化符码的选择上尽量顺应外籍人士不同的文化背景、语言和媒介使用情况等。比如，由于中外政治体制的差异，政治意识形态较明显的文本较难引起国外公众的好感与兴趣，反而更容易滋生出抵制的情绪，尤其是对于那些意识形态差异较大的文化交流者，可以在文本内容的生产中适当采取弱化政治意识、强化文化元素的呈现方式。再如，互联网社交媒体的话语风格不同于传统媒体的话语风格，其话语表达形式更加灵活，

① SPERBED D, WILSON D. Relevance: communication and cognition [M]. Oxford: Blackwell, 1986 : 67.

② VERSCHUEREN J. Understanding pragmatics[M]. London: Edward Arnold, 1999 : 55-63.

城市形象传播者需要根据符码使用的具体语境进行相应调整。

（二）城市营销传播策略

城市营销传播策略包括媒介策略、营销策略、关系利益人策略，但不管采用哪种城市营销传播策略，都涉及文化符码和价值观体系两个层面。其中，媒介策略主要包括城市对外传播中的媒介渠道、媒介手段、媒介平台的选择或整合，以及媒介内容的生产。城市营销的概念最早来源于西方的"国家营销""地区营销"的理念，学者们认为，国家或地区的营销与管理和企业品牌的管理运营实际上有异曲同工之妙。城市营销主要是运用市场营销的方法论，向国外公众推广城市品牌，主要包含事件营销、展会营销、节庆营销、文化展览等多元化的营销手段。杭州近年来致力于开展海外营销活动，在城市旅游营销上成果瞩目，如2012年的"无与伦比的美丽中国杭州"、2015年的"杭州大使环球行"、2017年的"杭州全球旗袍日"等营销活动。由于"对话型"传播所倡导的平等、主体间性、积极参与和意义分享等原则，杭州近两年在开展海外营销活动时，越来越关注作为对话主体的外籍人士，通过全球征集旗袍设计方案、晒出与杭州的故事等方式加强互动与提高参与度。

关系利益人策略。"关系利益人"（stakeholders）由邓肯创造性地提出来，不仅指股东，还指员工、商业伙伴、社区，甚至是政府、新闻机构等多种与公司有关联性的群体。而品牌资产在很大意义上就是由这种关系构建的。[①] 城市的政治、经济、文化等功能的溢出效应与个体、组织对城市的利益诉求或消费互相作用，使得城市与个体和组织相互连接，成为彼此在现实中或潜在的、直接或间接的利益相关者，形成了共担风险和利益的利益共同体。在城市形象的推广传播中，可以通过增加关系利益人的影响，或提供共同治理城市的机会，使其对特定城市产生动态、稳固的内在卷入关系。这种卷入关系可能形成一个庞大的基于市民社会的传播共同体。因此，在城市形象的对外传播中，关系利益人策略不仅增加了外籍人士的参与度、情感连结的强度等，还扩充了传播主体的队伍。例如，笔者在此次调研中发现，深度参与过杭州各类文化活动的人情感卷入度更高，而在杭时间越长，与杭州的连结越深，对杭州的二次传播意愿也越强；合理利益未得到及时满足，如遇到未能及时获悉杭州当地的相关政策与信息，或在体验当地出租车服务过程中遭遇不合理对待等情况时，容易滋

---

① 卫军英.关系创造价值：整合营销传播理论向度 [M].北京：中国传媒大学出版社，2006：53.

生负面情绪。

（三）文化对话策略

文化对话策略主要涉及的是文化深层结构的互动和磋商。

文化图式的选择与重构。图式是人的头脑中关于外部世界的知识的组织形式，是人们赖以认识和理解事物的基础；文化图式指的是人脑中关于"文化"的"知识结构块"，是人脑通过先前的经验已经存在的一种关于"文化"的知识组织模式，可以调用来感知和理解人类社会中的各种文化现象。[①] 文化图式的存在对于城市形象跨文化传播中双方对文化形象的传播、理解和认同有着重要的影响。通常跨文化对话发生时，对话者双方的文化图式会存在完全对应（最理想状态）、文化图式部分重叠（partial overlap of cultural schema）、文化图式冲突（conflict of cultural schema）以及文化图式缺失（deficiency of cultural schema）四种情况。当跨文化对话双方中一方存在的文化图式与另一方存在的文化图式只能部分重叠时，可以根据对方的图式寻找共同点，进行意义的勾连；当文化图式空缺甚至文化图式冲突发生时，跨文化对话主体则需要进行调整、转换甚至重构图式。

共享价值观（shared values）寻找。价值观是有关价值（value）的信念和理想，是不同文化在生活实践中形成的相对稳定、包含情感和认知成分的观念集合。价值观一旦形成，就支配着人们的信念、态度、看法和行动，对其文化系统中每一个成员的思考和活动起着规定性的或指令性的作用，其影响范围广泛且较为稳定持久。[②] 价值观是社会文化系统中深层的、相对稳定的、起主导作用的观念。关世杰将共享价值观定义为"在当今两种文化或两国民众中都接受或追求的价值观，就是使大家在精神上都得到满足的原则和信念"，并指出"共享价值观在本质上不同于"普世价值"观，不是世世代代都信奉的价值观，而是指当今两种／多种文化或两国／多国民众都接受的价值观，也不是世界各个民族或各个国家都信奉的价值观，而是两种／多种文化或两国／多国民众都接受的价值观"。[③]

正如前面所述，基于人类社会的共性，共享价值观确实客观存在，而且寻求其的难度比寻求"普世价值"观的难度小。社会若要稳定和有序地运行，其主流文明所提倡的社会基本道德和伦理就应具有一定的共性，如诚信、善

---

① 刘明东.文化图式的可译性及其实现手段[J].中国翻译，2003(2)：4.

② 胡文仲.跨文化交际学概论[M].北京：外语教学与研究出版社，1999：168.

③ 关世杰.对外传播中的共享性中华核心价值观[J].人民论坛·学术前沿，2012(15)：66-77.

良、勇敢、慷慨、尊重他人的财产所有权等，这些有关是非善恶的基础性伦理道德观念不仅在《圣经》、《古兰经》、佛教道教经典中有不同程度的体现，还散见于我国历代儒家经典作品中，从而为各种文化之间的对话与沟通搭建了坚实的底层框架。

在跨文化传播实践中，寻求文化符号等显性层面的意义勾连与共享，可以帮助跨文化对话者更好地实现符码的跨文化理解；但如果想有效规避冲突，增强跨文化认同感，就需要通过寻求共享价值观来实现。此外，在对外传播时，人们还需要根据价值观不同的共享性采取不同的传播策略。比如，中国核心价值观在不同国家共享的情况是不一样的，以集体主义价值观为例，美国很难与中国共享，但是许多亚洲国家和非洲国家能够与中国共享。①

构建跨文化认同（cultural identification principle）。"认同"的概念经常和"文化"联系在一起使用。美国学者埃里克松在 20 世纪 50 年代就提出了认同理论。跨文化认可也可理解为一个群体中的成员在民族共同体中长期生活所形成的对本民族最有意义事物的肯定性体认过程。作为一种动态的发展过程，它以自我及自我文化群体认同为基础，而发生在异质文化之间的跨文化认同应跨越文化的边界，一旦本我文化的同质性特点被超越和打破、杂糅进异文化碎片式认知模式，认同的重新建构由此发生。②

学者曼纽尔·卡斯特则将认同定义为意义与经验的来源，且认为一切认同都是建构的。③话语是认同建构的基本因素与前提条件，认同的建构、传递和接受都在对话中进行，通过对自我认同与异质文化身份之间的认识与磋商，经由文本书化互动对话的策略，在某个维度实现了"沟通共同体"的构建。跨文化认同的成功构建，意味着城市对外传播实践中"传而不通，通而不受"难题的解决，也意味着对话双方在磨合和洽商中实现了视域融合与意义的共享。跨文化认同的强度与外籍对话者的二次传播意愿紧密相关。外籍人士对东道国城市形象的理解、接受和认同，是城市形象传播主体所期待的结果。

文化描绘（culture mapping）。文化描绘指人们具有对自身及他人的文化进行描绘的认知能力，这种从自身文化的角度出发获取文化知识的能力，是认识他者文化的基础，也为文化间的相互理解和认同带来可能性。④而这种理解

---

① 关世杰.对外传播中的共享性中华核心价值观[J].人民论坛·学术前沿,2012(15):66-77.

② 张艳芳.多元文化背景下跨文化认同理论的内涵及意义分析[J].文学教育(上),2018(2):180-182.

③ 卡斯特.认同的力量：第 2 版[M].曹荣湘,译.北京：社会科学文献出版社,2006：1.

④ 陈国明,赵晶晶.论全球传播能力模式[J].浙江社会科学,2006(4):131-139.

是城市形象对外传播中有效降低信息歧义、减少文化折扣和文化偏见的前置性条件。拥有文化描绘的能力是拥有自我文化认知能力和他者文化理解能力的基础，只有通过这一认知过程，才能描绘出相应的文化图景，使我们在悉知自身和他者文化的相关特征的基础上，通过自我与他者的相互注视达成更深刻全面的认知，从而更好地实现文化移情，助力于文化间的沟通与互动。

三、"两个原则"：顺应与平衡

顺应原则。前面在文化文本对话策略中已经论述过顺应策略，但实际上，顺应策略可以上升到元策略的高度，贯穿跨文化沟通与对话的各个层面、各个维度、各种文本，以及各种群体之间。顺应已经预设了传播主体双方"合作"的态度，顺应的基础是在平等且互相尊重的前提下，顺应策略的动力是互惠，顺应的目标是寻找文化和符码的对接口，实现意义的共享，促进跨文化认同的构建。

在城市形象的"对话型"跨文化传播框架中，如果从城市传播者的角度来说，首先需要关注传播对象参与对话沟通的动机、需求、状态等因素，并根据其语言、媒介偏好、文化背景、兴趣等条件，在文本生产的深层先寻求共享价值观，在内容的叙事视角（从上到下或从下到上、宏大叙事或平民视角、官方权威风格或轻松随意风格等）、语用层面（主题的选择、语言、图式的调适、媒介平台等）根据不同文化人群的兴趣点和需求，创制具有多重接近性的文化文本，完成共享性叙事和传播。

平衡原则。平衡原则同样是贯穿传播过程的元策略。"平衡"在这里指向的是，在城市形象对外传播实践中，尽可能地兼顾各方关系利益人的价值和利益平衡。平衡原则是对顺应原则的补充，与顺应原则有机统一，顺应是以平衡为前提的顺应。从城市形象跨文化传播的视野来考量，平衡原则具有多重意义：其一，平衡是指不同关系利益人群体之间的价值和利益的平衡。这里主要有三层意义，首先指向的是东道国城市当地居民与外籍人士之间的利益平衡，其次指向的是当地外籍旅居者与境外外籍人士之间的利益平衡，最后指向的是不同国籍、民族的外籍人士之间的利益平衡。其二，平衡是指不同文化间的平衡，对话型传播强调主体间性，城市传播主体在实践中可以灵活调整表达策略，但需要在尊重对方文化主体性的同时，保持中华文化的平等和主体性地位，即寻求中国故事与世界话语之间的平衡。其三，在城市形象的传播实践中，还需保持传统性与现代性之间的平衡。

本研究认为，跨文化对话思维的缺失是导致传播有效性不理想、跨文化认同难以建构的根本性原因。"沟通的断裂"不仅始于文化差异和传播策略带来的理解错位，还源于国家之间外交关系、经济、政治等综合元素所导致的传受主体间的信息不对称和文化偏见。想要进一步弥合中外文化和信息交流中的鸿沟，助力于消除误解和偏见，构建"跨文化沟通共同体"是我们的必经之路。通过平等互惠的"对话型"跨文化传播模式，我们要建构和传播的是具有平等对话性的中国城市形象，这种城市形象对外传播方式注重文化差异性、关联性和流动性，有助于创造出不同文化群体相互理解的共同点，弥合因文化差异和沟通断裂而造成的裂痕和对立，从而实现"在对话中传播，在传播中对话"。

第七章　结论与展望

第一节　"讲好故事"的反思：对话的重要性

城市的国际形象是国家形象的重要组成部分，也是提升城市国际知名度和影响力、城市核心竞争力的重要战略资源。近年来，学界对于城市的研究已经从城市规划、建筑美学、地区营销、城市社会学等视角扩展到传播学视角。尤其在当前中国文化走出去以及"一带一路"倡议的大背景下，提升城市的跨文化传播能力，构建优质的城市国际形象，日渐成为城市管理者的关注热点。城市形象的对外传播研究是一个复杂的命题，涉及来自不同文化图式的传播主体在城市形象信息传递与接收中的理解、冲突、磋商与认同等多元化过程，其中不仅牵涉表层符码信息的互动与解读，还牵涉不同的文化价值观体系的沟通与协商。

城市对外传播能力是指一个城市综合运用各种传播渠道、传播手段向"文化他者"有效传播城市文化，建构良好的城市形象，使国际公众形成跨文化理解和认同的能力。从学理层面来看，对城市国际传播效果的考量，归根到底还是要落脚到其传播主体、传播内容、传播方式等因素对于个体的影响，并汇聚到个体的海外公众对城市形象的主观认知上。在当前我国的国际传播实践中，传播硬件设施日趋改善，媒介传播覆盖率不断提升，国际影响力却不足是一个公认的现实问题，国内现有研究往往将其原因归结于世界传播格局不平衡、中国政治体制特殊性等外部条件，或存在泛政治化的倾向，而缺乏对我国对外传播的传播主体、传播理念、传播内容和传播手段本身的反思和深入考察。[①] 实际上，笔者在城市形象对外传播的实地调研中发现，外籍人士对杭州城市官方

---

① 张小娅.对话的重要性：国际传播中的理解与接受[J].清华大学学报（哲学社会科学版），2015，30(1)：129–136,183.

媒体甚至中国官方媒体并没有因为政治意识形态的差异产生严重的抵触情绪，更多是因为对其传播内容或媒体功能设计等方面缺乏兴趣。在此基础上，本书尝试着以对话性理论为基础，从跨文化传播的视角出发，对杭州在其城市形象跨文化传播实践中的问题与经验进行了研究，并结合相关调研材料对外籍人士的杭州形象跨文化认知影响因素及其作用机理进行了探讨与分析。同时，笔者研究发现，对跨文化沟通中的不同文化背景缺乏理解与关注、缺乏有效对话、以改变受众态度为目标的单向传播理念，是对外效果有限的重要原因。基于此，本书对城市形象跨文化传播的框架和策略进行了探讨，以期为我国其他城市的对外传播实践提供一定的启示和借鉴。

一、讲好杭州故事：什么才是"好"故事

关于对外传播实践，当前业界与学术界已基本达成共识，即需要摒弃过去注重自我言说的"劝服式、口号式"对外宣传模式，转向采用讲故事的方法向世界展示中国城市以及中国文化。然而，是否能够"讲好中国城市的故事"，什么样的故事才是"好"故事，评判者不是城市管理者、媒体从业者或者研究者，而是海外公众。在城市形象的跨文化传播实践中，人也是文化信息的载体，对于具有不同文化背景的海外公众而言，他们身上所承载文化的差异性决定了"好故事"并没有唯一的标准。所谓"好"的故事，就是在了解对方特有的社会心理与文化习俗的基础上所寻找到的具有传播价值、海外公众乐于接受、易于理解的城市故事。

"好"故事涉及城市传播的内容生产，故事固然重要，但如何"讲"好故事更为关键，"讲"的方式、手段、渠道等均涉及城市跨文化可沟通性是否能够顺利实现，而这种"可沟通性"并非仅仅依赖技术的联结就能完成。当前城市重连接轻沟通，甚至有连接无沟通、沟通不畅的情况已经屡见不鲜。城市的跨文化可沟通性，一是意味着信息双向传递的高效、快速及透明，二是意味着城市文化传播中意义的跨文化勾连、共享或共建。笔者认为，"对话型"跨文化传播是实现城市跨文化可沟通性的重要路径，也是有效提升城市跨文化传播能力、构建城市跨文化"沟通共同体"的必经之途。

二、如何"讲"好故事

在当前的城市对外传播实践中，如何"讲"好故事是解决众多城市跨文化传播过程中传而不通、通而不受的沟通问题的关键点。前面已经就引入"对话"思维的重要性、必要性和"对话型"传播的条件、目的、特征等各个维度进行了详细论述。要想在对话中"讲好故事"，先要明晰"对话"的本质，结合杭州城市传播的经验材料来看，可以总结如下。

其一，"技术性对话"不是真正的对话。德国学者奥利弗·策尔纳（Oliver Zollner）在研究美国之音国际广播的传播效果时发现，美国之音在世界各地超过 12 个语种的广播中采用了接听听众来电的节目模式，在技术层面已经实现了对话，但由于困囿于文化的鸿沟，美国之音在阿拉伯地区的国际传播效果不佳。按照布伯的观点，无论是旧式的"听众来信""邀请听众来电"，还是 Web 2.0 带来的交互式新闻、公民新闻和自媒体等，都是依靠机械的技术手段实现的"技术性对话"，而不是"真正的对话"。[①] 因为真正的对话需要参与者互相尊重、平等而友好地倾听对方话语，自愿而公开进行关系的建构，其中任何一方在对话关系中控制和主导的成分都需要被降至最低。[②] 从这个角度考量我国城市对外宣传工作，可以看出它们是直接或间接以说服对方作为最终目标，本质上是缺乏对话性的。况且仅仅是技术的"可及"，远远不能等同于跨越文化边界的理解、接受与认同。在对杭州的海外推广文本的认知中，受访的外籍人士往往因为汉语程度较低或者缺乏对中国文化的深度了解，而对其中出现的图像、文字、人物产生文化误读和文化折扣。而由对话驱动的城市对外传播，更加关注的是不同文化符码间包容差异、寻找文化对接口的互动交流过程，其目的是意义的分享和理解，而非单向的劝服。

其二，"单向型"传播不是真正的对话。在传播中，双向的传播是一个强调互主体性的过程，这使得城市跨文化传播的焦点从信息和信息的传递又回归到对"人"的关注。对话交往的双方具有同等的主体地位，处于平等的关系中，达到一种"协商的理解"[③]。在对话中，单向型的"我—他"关系转向了平

---

① BUBER M. Between man and man[M].Boston：Beacon Press, 1955：1-39.

② 张小娅.对话的重要性：国际传播中的理解与接受[J].清华大学学报（哲学社会科学版），2015,30(1)：129-136,183.

③ 哈贝马斯.交往行为理论：第 1 卷 行动的合理性和社会合理性[M].洪佩郁，蔺菁，译.重庆：重庆出版社,1994：122-143.

等的"我—你"关系，跨文化沟通双方中没有哪一方占强势的主导性地位，而是共同参与意义的生产与建构。在杭州过去的城市对外宣传实践中，作为"桥梁人群"的在杭外籍人士实际上并未得到足够的关注，由于城市传播方缺乏与该群体的持续性对话交流，导致杭州部分外文媒体与外籍人士的切身利益和关注点脱离。经验材料显示，对在杭外籍人士而言，杭州官方外文媒体实际知晓度和利用率并不理想。如今，杭州传统英文纸媒已经所存无几，官方微信公众号如 HiHangzhou、visithangzhou 的阅读量和互动率远低于民间账号HangzhouExpat。反观杭州旅游委员会在境外开通的新媒体账号，因为有外籍人士参与运营及互动，情况则相对较好。双向度的对话不仅有助于传媒策略的调整，还有利于城市国际化建设的自我调适与管理。

其三，言说与倾听的失衡并非真正的对话。在跨文化传播实践中，真正的对话不仅意味着自我的言说，还要求言说者能够倾听对方话语，认真地倾听对方话语是对话的基础和起点。如果传播实践没有建立在倾听国外公众的兴趣、关注和切实需求的基础上，而是基于主观假设进行传播内容和手段的选择，则难以产生视阈融合或者跨文化认同。在跨文化对话中，强调的是一种平等、自由的对话关系，沟通双方共为对话的主体。在杭州的传播现状中，首先存在着城市自我言说不充分的问题，受制于杭州自身的交通、外语、国际教育、社区服务等各类公共服务国际化发展程度，尚未能对城市的传统文化魅力及国际化形象进行充分的言说和呈现；其次，城市传播方缺乏持续性的倾听，外籍人士则缺乏言说的渠道与空间，不少在杭外籍人士呼吁建立一个可以及时、公开、透明地向他们提供各类城市信息、文化活动的媒体平台，或者建立一个可以及时反馈和互动的信息平台，他们强调自己与境外的外籍人士需求不同，期待与城市发生更为深刻的连结、具有更高的文化活动参与度与卷入度。

其四，对话的目标指向。对于城市形象跨文化传播而言，对话的目的不是说服，而是通过信息双向流通建立开放性的、可协商性的跨文化对话间性空间；对话的终极指向，即传播方与外籍人士基于意义共享实现跨文化理解与认同。这种理解是协商的理解，是通过合作性对话、互惠性理解，在跨文化对话的间性空间中，寻找或创造出相互理解的共同点，实现文化的对接。这种对接与互动不仅发生在浅层的文化符码层面，还发生在深层的价值观、思维方式层面。

早在 2018 年公布的世界城市排名中，杭州已经成功地由 2010 年的"高度自足"的城市阵列（high sufficiency city）跃迁至 世界级二线城市的第一阵列（Beta+），与奥克兰、哥本哈根、温哥华、亚特兰大等世界知名城市共居同一队列。

第二节　研究局限与后续展望

本书主要从跨文化对话的视角出发，对城市形象对外传播实践中外籍人士跨文化认知图景的呈现、跨文化认知影响因素及其作用机理以及城市跨文化传播的对话模式与策略进行了探索和分析。国内既往的城市对外传播研究文献以城市品牌营销角度的思辨型论文为主，虽然近年来也有学者通过对海外特定媒体的话语分析来描摹国内特定城市的国际媒介形象，其中少数论文以问卷调查的形式针对当地外籍人士的媒介接触和形象认知进行过信息收集和分析，但目前尚未发现针对外籍人士群体进行深度访谈的城市传播研究，因而可以直接借鉴和参照的同类研究甚少，加上笔者的水平、经费和时间所限，本书中仍然存在以下几点不足之处有待进一步完善。

一是在理论建构上，本书试图从跨文化对话的理论视角对城市形象跨文化认知和跨文化传播模式进行全面的建构，但是目前该理论尚显粗糙。书中所提及的城市形象跨文化认知影响因素模型和城市"对话型"跨文化传播模式，侧重从跨文化研究、跨文化心理学及语用学层面来进行论述和剖析；实证部分对所提出的理论命题做了一定的检验，验证效果较好，但最后尚未能结合城市品牌营销理论构建出研究城市形象跨文化传播能力的评估指标体系，这是今后研究有待努力的方向。

二是本书以杭州对外传播实践为例，采用的研究方法是以深度访谈为主，结合问卷调查和语料库分析，由于受制于人力、经费和时间，本书中实证研究部分样本总量偏少，样本类型尚不够全面，未能很好地控制研究对象的广度，如在杭外籍人士的样本总体比较年轻、整体学历较高。由于研究中整体的样本数量偏少，所以未能在更大范围内进行分组对比调研，从而完成更为细致的横向跨文化对比研究，否则将更有利于针对不同国家民众的媒介接触习惯、文化图式的差异进行更为具体的传播策略调整。此外，笔者只在调研中发现境内、境外外籍人士需求和兴趣的不同点，没有针对境外的外国公众进行大范围的调研，做更深入的探索分析，这也是未来研究可以进行补充和拓展的地方。

参考文献

[1] 伽达默尔.真理与方法：上卷 哲学诠释学的基本特征 [M].洪汉鼎，译.上海：上海译文出版社，1999.

[2] 哈贝马斯.交往行为理论：第 1 卷 行动的合理性和社会合理性 [M].洪佩郁，蔺菁，译.重庆：重庆出版社，1994.

[3] 哈贝马斯,哈勒.作为未来的过去：与著名哲学家哈贝马斯对话[M].章国锋,译.杭州：浙江人民出版社，2001.

[4] 哈贝马斯.认识与兴趣 [M].郭官义，李黎，译.上海：学林出版社，1999.

[5] 巴赫金.关于陀思妥耶夫斯基一书的修订 [M]// 巴赫金.巴赫金全集：第 5 卷 陀思妥耶夫斯基诗学问题.石家庄：河北教育出版社，2009.

[6] 巴赫金.论行为哲学：第 1 卷 巴赫金全集 [M].石家庄：河北教育出版社，1998.

[7] 巴赫金.陀思妥耶夫斯基诗学问题 [M].白春仁,顾亚铃,译.北京:生活·读书·新知三联书店，1988.

[8] 巴赫金.文本 对话与人文 [M].白春仁,晓河,周启超,等译.石家庄：河北教育出版社，1998.

[9] 雅各布斯.美国大城市的死与生 [M].金衡山，译.南京：译林出版社，2006.

[10] 克莱默，刘杨.全球化语境下的跨文化传播[M].北京：清华大学出版社，2015.

[11] 霍尔.超越文化 [M].何道宽，译.北京：北京大学出版社，2010.

[12] 霍尔.无声的语言 [M].何道宽，译.北京：北京大学出版社，2010.

[13] 科特勒.国家营销：创造国家财富的战略方法 [M].俞利军，江春，译.北京：华夏出版社，2001.

[14] 丹尼.城市品牌：理论与案例 [M].沈涵，等译.大连：东北财经大学出版社，

2014.

[15] 林奇.城市的印象[M].项秉仁,译.北京:中国建筑工业出版社,1990.

[16] 萨默瓦,波特.跨文化传播:第4版[M].闵惠泉,王纬,徐培喜,等译.北京:中国人民大学出版社,2004.

[17] 芒福德.城市发展史:起源、演变和前景[M].宋俊岭,倪文彦,译.北京:中国建筑工业出版社,2005.

[18] 福特纳.国际传播:全球都市的历史、冲突及控制[M].刘利群,译.北京:华夏出版社,2000.

[19] 卡斯特.认同的力量:第2版[M].曹荣湘,译.北京:社会科学文献出版社,2006.

[20] 贝内特.跨文化交流的建构与实践[M].关世杰,何惺,译.北京:北京大学出版社,2012.

[21] 舒尔兹D,舒尔兹H.整合营销传播:创造企业价值的五大关键步骤[M].王茁,顾洁,译.北京:清华大学出版社:2013.

[22] 斯图尔特,贝内特.美国文化模式:跨文化视野中的分析[M].卫景宜,译.天津:百花文艺出版社,2000.

[23] 安浩.铸造国家、城市和地区的品牌:竞争优势识别系统[M].葛岩,卢嘉杰,何俊涛,译.上海:上海交通大学出版社,2010.

[24] 彼得斯.交流的无奈:传播思想史[M].何道宽,译.北京:华夏出版社,2003.

[25] 约瑟夫·奈.软实力:世界政治的成功之道[M].吴晓辉等,译,北京:北京东方出版社,2005.

[26] 赫勒.日常生活[M].衣俊卿,译.重庆:重庆出版社,1990.

[27] 史密斯.全球化时代的民族与民族主义[M].龚维斌,良警宇,译.北京:中央编译出版社,2002.

[28] 伯姆,尼科.论对话[M].王松涛,译.北京:教育科学出版社,2004.

[29] 霍尔.表征:文化表象与意指实践[M].徐亮,陆兴华,译.北京:商务印书馆,2003.

[30] 蔡熙.关于文化间性的理论思考[J].大连大学学报,2009,30(1):80-84.

[31] 蔡翔,董丽敏,等.空间、媒介和上海叙事[M].上海:上海大学出版社,2013.

[32] 曹永荣,韩瑞霞,徐剑,等.基于因子分析的国际人士眼中的上海城市印象满

意度架构 [J]. 上海交通大学学报（哲学社会科学版），2012，20（1）：51-57.

[33] 曾一果. 想象城市：改革开放 30 年来大众媒介的"城市叙事"[M]. 北京：中国书籍出版社，2011.

[34] 柴改英，陈程，刘佳丽. 杭州市政府旅游英文外宣的接受度研究 [J]. 湖北函授大学学报，2016，29（20）：71-72，75.

[35] 陈戈. 不同民族文化互动理论的研究：立足于洛特曼文化符号学视角的分析 [M]. 北京：外语教学与研究出版社，2009.

[36] 陈戈. 论洛特曼的文化互动理论 [J]. 解放军外国语学院学报，2007（4）：109-113.

[37] 陈国明，赵晶晶. 论全球传播能力模式 [J]. 浙江社会科学，2006（4）：131-139.

[38] 陈国生. 城市形象综合评价的理论与实践 [J]. 衡阳师范学院学报（自然科学），2001（6）：75-81.

[39] 陈俊鸿. 城市形象设计：城市规划的新课题 [J]. 城市问题，1994（5）：24-27.

[40] 陈晓云. 城市空间的多重言说——当代中国城市电影的视觉建构与文化想象 [J]. 当代电影，2009（6）：40-44.

[41] 崔凤军. 城市形象电视广告的营销效应研究 [J]. 旅游学刊，2004（2）：79-83.

[42] 戴晓东. 跨文化交际理论 [M]. 上海：上海外语教育出版社，2011.

[43] 戴晓东. 解读跨文化认同的四种视角 [J]. 学术研究，2013（9）：144-151，160.

[44] 戴元初. "文化折扣"与城市品牌的跨文化传播 [J]. 青年记者，2012（34）：83-84.

[45] 邓耀臣. 词语搭配研究中的统计方法 [J]. 大连海事大学学报（社会科学版），2003（4）：74-77.

[46] 杜维明. 文化多元、文化间对话与和谐：一种儒家视角 [J]. 中外法学，2010，22（3）：326-341.

[47] 樊传果. 城市品牌形象的整合传播策略 [J]. 当代传播，2006（5）：58-60.

[48] 范红. 国家形象的多维塑造与传播策略 [J]. 清华大学学报（哲学社会科学版），

2013, 28（2）: 141-152, 161.

[49] 方秀云. 杭州城市形象与国际化问题的思考 [J]. 中共杭州市委党校学报, 2011（6）: 83-86.

[50] 耿芸, 丁洁. 中外媒报道语料的 China 预制语块对比研究——以 G20 杭州峰会为例 [J]. 渤海大学学报（哲学社会科学版）, 2017, 39（5）: 97-100.

[51] 龚娜, 罗芳洲. "城市软实力"综合评价指标体系的构建及其评价方法 [J]. 沈阳教育学院学报, 2008, 10（6）: 28-31.

[52] 关世杰. 对外传播中的共享性中华核心价值观 [J]. 人民论坛·学术前沿, 2012（15）: 66-77.

[53] 关世杰. 跨文化交流与国际传播研究 [M]. 北京: 中国社会科学出版社, 2011.

[54] 关世杰. 十年来我国跨文化传播研究的回顾与反思——定量研究方法的缺失是学科发展的瓶颈 [C]// 中国社会科学院新闻与传播研究所. 中国传播学会成立大会暨第九次全国传播学研讨会论文集北京: 新华出版社, 2006.

[55] 郭镇之. 全球化与文化间传播 [M]. 北京: 北京广播学院出版社, 2004.

[56] 韩家炳. 多元文化、文化多元主义、多元文化主义辨析——以美国为例 [J]. 史林, 2006（5）: 185-188, 191.

[57] 韩隽. 城市形象传播: 传媒角色与路径 [J]. 人文杂志, 2007（2）: 192-193.

[58] 韩震. 论国家认同、民族认同及文化认同: 一种基于历史哲学的分析与思考 [J]. 北京师范大学学报（社会科学版）, 2010（1）: 106-113.

[59] 杭州市委外宣办. 加强杭州市外宣媒体阵地建设的调研与思考 [J]. 对外传播, 2010（4）: 27-29.

[60] 何国平. 城市形象传播: 框架与策略 [J]. 现代传播: 中国传媒大学学报, 2010（8）: 13-17.

[61] 何辉, 梁婧. 中国国家形象塑造: 形式和手段 [C]// 周明伟. 国家形象传播研究论丛. 北京: 外文出版社, 2008.

[62] 何自然, 何雪林. 模因论与社会语用 [J]. 现代外语, 2003（2）: 200-209.

[63] 何自然. 语用学概论 [M]. 长沙: 湖南教育出版社, 1988.

[64] 衡孝军, 等. 对外宣传翻译理论与实践: 北京市外宣用语现状调查与规范 [M]. 北京: 世界知识出版社, 2011.

[65] 洪岗. 跨文化语用学研究中的对等问题 [J]. 外国语（上海外国语大学学报）, 2001（2）: 42-48.

[66] 洪岗.语际语语用学研究[J].杭州教育学院学报,2000(3):1-7.

[67] 胡文仲.超越文化的屏障[M].北京:外语教学与研究出版社,2002.

[68] 胡文仲.跨文化交际学概论[M].北京:外语教学与研究出版社,1999.

[69] 胡文仲.文化与交际[M].北京:外语教学与研究出版社,1994.

[70] 黄书君.多模态视角下城市形象宣传片的解说词翻译——以G20峰会杭州宣传片为例[J].宁波教育学院学报,2017,19(5):94-98.

[71] 黄玉蓉.深圳叙事及其城市形象[J].深圳大学学报(人文社会科学版),2007(4):103-105.

[72] 黄志华.论城市CIS在打造城市品牌形象中的作用[J].包装工程,2009,30(6):134-136.

[73] 季晓燕.城市形象传播研究[D].上海:上海师范大学,2009.

[74] 姜飞.从学术前沿回到学理基础——跨文化传播研究对象初探[J].新闻与传播研究,2007(3):31-37,95.

[75] 姜飞.新阶段推动中国国际传播能力建设的理性思考[J].南京社会科学,2015(6):109-116.

[76] 本刊编辑部,《中国城市品牌传播研究》课题组,金定海,等..中国城市品牌传播困境的思考[J].广告大观(综合版),2009(7):139-153.

[77] 康澄.文化及其生存与发展的空间——洛特曼文化符号学理论研究[M].南京:河海大学出版社,2007.

[78] 柯惠新,陈旭辉,李海春,等.我国对外传播效果评估体系的框架研究[C]//国务院新闻办公室,中国外文局对外传播研究中心.全国第一届对外传播理论研讨会论文集.北京:外文出版社,2009.

[79] 萨默瓦,波特.文化模式与传播方式:跨文化交流文集[M].麻争旗,等译.北京:北京广播学院出版社,2003.

[80] 乐黛云,比雄.独角兽与龙:在寻找中西文化普遍性中的误读[M].北京:北京大学出版社,1995.

[81] 乐黛云.跨文化之桥[M].北京:北京大学出版社,2002.

[82] 李华君,张婉宁.G20期间杭州城市品牌符号体系建构——基于杭州城市形象宣传片的内容分析[J].品牌研究,2016(5):81-89.

[83] 李怀亮,任锦鸾,刘志强.城市传媒形象与营销策略[M].北京:中国传媒大学

出版社，2009.

[84] 李静.语料库辅助分析英国媒体视野中的中国经济话语构建[J].外语学刊，2018（3）：52-57.

[85] 李炯英.中国跨文化交际学研究20年述评[J].解放军外国语学院学报，2002（6）：86-90.

[86] 李蕾蕾.从新文化地理学重构人文地理学的研究框架[J].地理研究，2004（1）：125-134.

[87] 李晓东.全球化与文化整合[M].长沙：湖南人民出版社，2003.

[88] 李雪威，李亚.国际大城市的全媒体传播[J].公关世界，2016（21）：28-31.

[89] 刘易斯.文化的冲突与共融[M].关世杰，译.北京：新华出版社，2002.

[90] 刘丹，李杰.文化符号与空间价值：互联网思维下的城市形象传播与塑造[J].西南民族大学学报（人文社科版），2016，37（6）：154-158.

[91] 刘佳，于洋.基于语料库的媒介批评话语分析——奥运后英媒对中国国家形象的建构[J].大连海事大学学报（社会科学版），2014，13（6）：111-115.

[92] 刘晶."他者"镜像下中国教育的媒介形象嬗变——基于BBC纪录片《中式学校》的框架分析[J].中国广播电视学刊，2017（6）：91-94.

[93] 刘军萍，戴景珠.浅议城市形象建设的若干问题——兼谈怀柔的县城建设[J].城市问题，1997（2）：14-16.

[94] 刘明东，刘宽平.图式翻译漫谈[J].外语教学，2004（4）：50-52.

[95] 刘明东.文化图式的可译性及其实现手段[J].中国翻译，2003（2）：28-31.

[96] 刘曦，何亦星.杭州国际形象的社交媒体传播效果研究[J].浙江理工大学学报，2015，34（8）：318-324.

[97] 刘玉芳.国际城市评价指标体系研究与探讨[J].城市发展研究，2007（4）：88-92.

[98] 卢世主.城市形象与城市特色研究[M].成都：西南交通大学山版社，2011.

[99] 陆晔.作为现代社会文化情境的"媒介真实"——试论电视传播对社会现实的建构[J].社会科学，1995（2）：56-58.

[100] 罗小龙，韦雪霁，张京祥.中国城市国际化的历程、特征与展望[J].规划师，2011，27（2）：38-41，52.

[101] 罗治英.经济与社会可持续发展的一个重要课题——地区形象设计与建设[J].

世界经济与政治, 1996 (7) : 71-72.

[102] 吕铠, 李文. 中国城市形象国际化表达的有效视角 [J]. 当代传播, 2016 (1) : 26-27, 58.

[103] 马丽. 基于新旧媒体融合视域的城市国际化对外传播策略研究——以杭州市为例 [J]. 传媒评论, 2016 (1) : 58-60.

[104] 马庆国, 楼阳生. 区域软实力的理论与实施 [M]. 北京: 中国社会科学出版社, 2007.

[105] 马友平, 汪崇渝. 新媒体参与城市形象塑造与传播的受众分析——以重庆市新媒体实证调查为例 [J]. 重庆师范大学学报 (哲学社会科学版), 2010 (2) : 109-115.

[106] 孟建, 何伟, 张秉礼. 城市形象与软实力: 宁波市形象战略研究 [M]. 上海: 复旦大学出版社, 2008.

[107] 莫智勇. 创意新媒体文化背景下城市形象传播策略研究 [J]. 暨南学报 (哲学社会科学版), 2013, 35 (7) : 148-154.

[108] 倪鹏飞, 侯庆虎. 全球城市竞争力的比较分析 [J]. 综合竞争力, 2009 (1) : 10-17.

[109] 潘丹. "2015 杭州大使环球行" ——一次全球性事件营销 [J]. 中国广告, 2016 (2) : 80-82.

[110] 彭立勋. 文化软实力与城市竞争力: 2008 年深圳文化蓝皮书 [M]. 北京: 中国社会科学出版社, 2008.

[111] 钱智, 曹利群, 焦华富. 城市形象设计 [M]. 合肥: 安徽教育出版社, 2002.

[112] 阮梦依. 在杭外文媒体调查 [J]. 新闻传播, 2010 (6) : 134-135.

[113] 单波, 薛晓峰. 西方跨文化传播研究中的和谐理念 [J]. 国外社会科学, 2008 (6) : 4-11.

[114] 单波. 跨文化传播的问题与可能性 [M]. 武汉: 武汉大学出版社, 2010.

[115] 邵斌, 回志明. 西方媒体视野里的 "中国梦" ——一项基于语料库的批评话语分析 [J]. 外语研究, 2014 (6) : 28-33.

[116] 邵志华. 跨文化语境中文化误读的镜像认知 [J]. 兰州学刊, 2011 (1) : 11-15.

[117] 盛邦和, 井上聪. 新亚洲文明与现代化 [M]. 上海: 学林出版社, 2003.

[118] 石磊. 发挥 G20 峰会综合效应, 进一步提升杭州城市国际化的若干思考 [J].

新经济，2016（26）：7-8.

[119] 宋铁辉.杭州本地报纸开办英语专版实证分析[D].杭州：浙江大学，2006.

[120] 苏永华，王美云.基于整合营销传播理论的杭州城市形象国际传播研究[J].东南传播，2011（4）：92-95.

[121] 苏永华.城市形象传播理论与实践[M].杭州：浙江大学出版社，2013.

[122] 孙晓娥.扎根理论在深度访谈研究中的实例探析[J].西安交通大学学报（社会科学版），2011，31（6）：87-92.

[123] 孙英春.跨文化传播的对话空间[J].浙江学刊，2017（2）：51-59.

[124] 孙英春.跨文化传播学[M].北京：北京大学出版社，2015.

[125] 孙超，张刘卓，李旭峰，等.后G20时代，用"四大传播"讲好杭州故事[J].对外传播，2017（10）：69-71.

[126] 唐德根，章放维.两种会话方式与高低语境文化[J].东南大学学报（哲学社会科学版），2005（5）：91-94，128.

[127] 陶建杰.城市软实力评价指标体系的构建与运用——基于中国大陆50个城市的实证研究[J].中州学刊，2010（3）：112-116.

[128] 童兵.理论新闻传播学导论[M].北京：中国人民大学出版社，2000.

[129] 王国平.生活品质之城：杭州城市品牌诞生记[M].杭州：浙江人民出版社，2007.

[130] 王晓东.日常交往与非日常交往[M].北京：人民出版社，2005.

[131] 王学风.和而不同：多元文化背景下文化的和谐发展[J].江淮论坛，2007（1）：92-94.

[132] 王莹.城市形象传播力研究[D].武汉：武汉理工大学，2010.

[133] 卫军英.关系创造价值：整合营销传播理论向度[M].北京：中国传媒大学出版社，2006.

[134] 王健儿.杭州市对外传播策略分析[J].对外传播，2010（4）：51-52.

[135] 卫军英.整合营销传播理论与实务[M].北京：首都经济贸易大学出版社，2006.

[136] 卫乃兴.词语搭配的界定与研究体系[M].上海：上海交通大学出版社，2002.

[137] 魏超.大众传播通论[M].北京：中国轻工业出版社，2007.

[138] 吴瑛.文化对外传播：理论与战略[M].上海：上海交通大学出版社，2009.

[139] 肖耀球.国际性城市评价体系研究[J].管理世界，2002（4）：140-141.

[140] 肖永明，张天杰.中国文化软实力研究的回顾与前瞻[J].湖南大学学报（社会科学版），2010，24（1）：12-17.

[141] 熊伟.透视跨文化传播的"误读"问题[J].东南传播，2008（7）：43-45.

[142] 徐迪.跨文化交际能力的理论基础：Gudykunsts焦虑／不确定性管理（AUM）理论[J].新闻大学，2016（1）：51-58，148.

[143] 薛可，栾萌飞.中美新闻框架下的上海形象建构——基于《纽约时报》与《中国日报》的对比研究（2007—2016）[J].新闻记者，2017（3）：63-70.

[144] 薛敏芝.论现代城市的形象构建与传播设计[J].上海大学学报（社会科学版），2002（4）：106-112.

[145] 杨保军，陈怡星，吕晓蓓，等."一带一路"战略下的中国全球城市趋势展望[J].城市建筑，2017（12）：12-17.

[146] 杨洸，陈怀林.传媒接触对本地城市形象的影响——珠海受众调查结果分析[J].新闻与传播研究，2005（3）：66-75，95.

[147] 杨嘉镕，陈洁行，沈悦林，等.杭州城市形象研究报告[J].杭州科技，1999（2）：1-3.

[148] 杨凯.城市形象对外传播效果评估体系的构建[J].东南传播，2010（8）：46-47.

[149] 杨凯.英语频道在城市形象传播中的作用及路径——以广州电视台英语频道为例[J].新闻爱好者，2010（4）：74-75.

[150] 杨娜，吴鹏.基于语料库的媒介话语分析——以《纽约时报》对华妇女报道为例[J].国际新闻界，2012，34，34（9）：48-58.

[151] 杨旭明.城市形象研究：路径、理论及其动向[J].西南民族大学学报（人文社会科学版），2013，34（3）：159-163.

[152] 杨越明，藤依舒.十国民众对中国文化的接触意愿与渠道研究——《外国人对中国文化认知与意愿》年度大型跨国调查系列报告之二[J].对外传播，2017（5）：30-33.

[153] 姚利权，陈莹.新媒体环境下杭州城市形象传播策略[J].西部广播电视，2014（22）：156-157.

[154] 姚利权.杭州文广集团的城市形象传播实践[J].中国广播电视学刊，2016（6）：42-45.

[155] 姚利权.电影中的城市形象传播研究——以杭州为例[J].名作欣赏,2013(6):150-151.

[156] 叶菁.国际学术传播视角下的杭州城市形象研究[J].新闻世界,2017(3):58-64.

[157] 衣俊卿.现代化与日常生活批判：人自身现代化的文化透视[M].哈尔滨：黑龙江教育出版社,1994.

[158] 殷好.城市对外形象传播研究——以南京市对外形象传播为例[D].南京：南京师范大学,2007.

[159] 袁春平,范蔚.戴维·伯姆对话思想及"对话教学"浅析[J].大理学院学报(综合版),2008(1):66-69.

[160] 张鸿雁.城市形象与城市文化资本论：中外城市文化比较的社会学研究[M].南京：东南大学出版社,2002.

[161] 张鸿雁.论城市形象建设与城市品牌战略创新——南京城市综合竞争力的品牌战略研究[J].南京社会科学,2002(S1):327-338.

[162] 张鸿雁.城市建设的"CI方略"[J].城市问题,1995(3):2-6.

[163] 张庆熊.自我、主体际性与文化交流[M].上海：上海人民出版社,1999.

[164] 张蓉蓉.杭州旅游形象片在外国媒体上热播[N].每日商报,2011-02-17(6).

[165] 张小娅.对话的重要性：国际传播中的理解与接受[J].清华大学学报(哲学社会科学版),2015,30(1):129-136,183.

[166] 张英焕.论城市形象建设[J].学术论坛,2000(12):22-23.

[167] 张艳芳.多元文化背景下跨文化认同理论的内涵及意义分析[J].文学教育(上),2018(2):180-182.

[168] 张艳敏.美国多元媒介中的江苏国际形象研究——基于COCA语料库的实证分析[J].江苏科技大学学报(社会科学版),2016,16(3):86-94.

[169] 章伟良.杭州城市国际化进程中对外传播格局的构建[J].对外传播,2015(11):71-72.

[170] 赵光洲.塑造城市形象,促进经济、社会发展——昆明市城市形象创意策划和总体构思[J].经济问题探索,1997(4):19-21.

[171] 郑宏.通向2008年的北京形象工程城市形象艺术设计[M].北京：中国建筑工业出版社,2006.

[172] 郑晓云.文化认同与文化变迁[M].北京：中国社会科学出版社，1992.

[173] 郑昭.国内外城市营销理论综述[J].经济纵横，2005（7）：75-79.

[174] 中共杭州市委《中共杭州市委关于全面提升杭州城市国际化水平的若干意见》解读[J].杭州（周刊），2016（13）：12-13.

[175] 周笃宝.图式理论对理解翻译的解释力[J].南华大学学报（社会科学版），2002（4）：86-89.

[176] 周芬.美国媒体中浙江城市形象的话语建构研究[J].浙江外国语学院学报，2016（5）：27-33.

[177] 周庆安.当代国际传播的三重困境与策略性突围[J].中国记者，2011（8）：49-50.

[178] 周薇，田根胜，夏辉.铸就城市之魂：东莞文化软实力研究[M].广州：广东人民出版社，2008.

[179] 周文辉.城市营销[M].北京：清华大学出版社，2004.

[180] 周宪.跨文化研究：方法论与观念[J].学术研究，2011（10）：127-133.

[181] 周宪.文学与认同：跨学科的反思[M].北京：中华书局，2008.

[182] 沈金箴，周一星.世界城市的涵义及其对中国城市发展的启示[J].城市问题，2003（3）：13-16.

[183] 朱鸿军，王玉玮.电视剧的城市形象传播与文化软实力竞争[J].江苏大学学报（社会科学版），2010，12（1）：11-15.

[184] 朱锡明.《纽约时报》涉华社论所建构的中国形象——语料库驱动的搭配研究[J].云南农业大学学报（社会科学版），2012，6（5）：104-108.

[185] 庄德林，陈信康.国际大都市软实力评价研究[J].城市发展研究，2009，16（10）：36-41.

[186] 祖晓梅.跨文化交际[M].北京：外语教学与研究出版社，2015.

英文文献：

[1] SCHUTZ A. Collected papers I: the problem of social reality[M]. The Hague: Martinus Nijhoff, 1962.

[2] GRIFFOR A. Mind and its wholeness[J]. ANPA west journal, 1997, 7（1）: 25-26.

[3] ASHWORTH G J, VOOGD H. Marketing the city: concepts, processes and Dutch applications[J]. Town planning review, 1998, 59（1）: 65-79.

[4] BAKER M. Translation studies[M]. London & New York: Routledge, 2009.

[5] BENNETT M J. Basic concepts of intercultural communication: selected readings [M].Yarmouth: Intercultural Press, 1998.

[6] BENSON P G. Measuring cross-cultural adjustment: the problem of criteria [J]. International journal of intercultural relations, 1978, 2（1）: 21-37.

[7] BERRY J W. Globalization and acculturation[J]. International journal of intercultural relations, 2008, 32（4）: 328-336.

[8] BHABHA H K. The location of culture [M].London & New York: Routledge, 1994.

[9] BHAWUK D P S, BRISLIN R. The measurement of intercultural sensitivity using the concepts of individualism and collectivism[J]. International journal of intercultural relations, 1992, 16（4）: 413-436.

[10] BOYNE S, HALL D. Place promotion through food and tourism: rural branding and the role of websites[J]. Place branding, 2004, 1（1）: 80-92.

[11] BREWER M B, HEWSTONE M. Self and social identity [M]. Malden: Blackwell Publishing, 2004.

[12] BURGOON J K, HUBBARD A S E.Cross-cultural and intercultural applications of expectancy violation theory[M]//WISEMA N R. Intercultural communication theory. Thousand Oaks: Sage Publications, 1995.

[13] BRONFENBREBER U, HARDING J, GALLWEY M.The development and validation of a scale to measure affective sensitivity（empathy）[J]. Journal of counseling psychology, 1958（18）: 407-412.

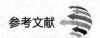

[14] BROWN G, YULE G. Discourse analysis[M]. Cambridge: Cambridge University Press, 1996.

[15] Chen G M, Starosta W J. Intercultural communication competence: a synthesis[J]. Annals of the international communication association, 1996, 81（1）: 18-19.

[16] CHEN G M, STAROSTA W J.Foundations of intercultural communication [M]. Boston: Allyn and Bacon, 1998.

[17] CHEN G M. Intercultural communication competence: some perspectives of research[J]. Howard journal of communication, 1990, 2（3）: 243-261.

[18] CRAIG R T, TRACY K.Grounded practical theory: the case of intellectual discussion[J]. Communication theory, 2006, 5（3）: 248-272.

[19] CUSHNER K, BRISLIN R W.Improving intercultural interactions: modules for cross-cultural training programs[M]. Thousand Oaks: Sage Publicaitons, 1997.

[20] DAI X D.Intersubjectivity and interculturality: a conceptual link[J]. China media research, 2010, 6（1）: 12-19.

[21] DOAN G O, STEPHAN C W.The functions of ethnic identity: a New Mexico Hispanic example[J]. International journal of intercultural relations, 2006, 30（2）: 229-241.

[22] DODD C H.Dynamics of intercultural communication[M]. Madison: Brown & Benchmark, 1995.

[23] DODD C H. Dynamics of intercultural communication[M]. 5th ed. Shanghai: Shanghai Foreign Language Teaching Press, 2006.

[24] KRAMER E, CALLAHAN C, ZUCKERMAN D. Intercultural communication and global integration[M]. Dubuque: Kendall Hunt Publishing House, 2012.

[25] KRAMER E.Cultural fusion and the defense of difference[M]. New York: University Press of America, 2010.

[26] FIRTH J R.Papers in Linguistics 1934-1951[M] .London: Oxford University Press, 1957.

[27] FOOT J M. From boomtown to Bribesville: the images of the city, Milan, 1980-1997[J].Urban history, 1999, 26（3）: 393-412.

[28] FRITZ W, MOLLENBERG A, CHEN G M. Measuring intercultural sensitivity in different cultural con-text[J].Intercultural communication studies, 2002 （11）：165-176.

[29] LINGE D E. Philosophical hermeneutics[M]. Berkeley: University of California Press, 1977.

[30] GOTHAM K F. Marketing mardi gras: commodification, spectacle and political economy of tourism in New Orleans[J]. Urban studies, 2002, 39 （10）：1735-1756.

[31] RICHARDS G, WILSON J. The impact of cultural events on city Image: Rotterdam, cultural capital of Europe 2001[J]. Urban studies, 2004, 41 （10）：1931-1951.

[32] GRICE H P. Logic and conversation[M]. New York: Academic Press, 1975.

[33] GUDYKUNST W B.Anxiety/uncertainty management（AUM）theory[M]//WISEMAN R L.Intercultural communication theory.Thousand Oaks: Sage Publications, 1995.

[34] GUDYKUNST W B, MODY B. Handbook of international and intercultural communication[M]. Thousand Oaks: Sage Publications, 2002.

[35] GUDYKUNST W B. Theorizing about intercultural communication[M]. Thousand Oaks: Sage Publications, 2005.

[36] HALL E T. Beyond culture[M]. New York: Anchor Books, 1976.

[37] HOCHSCHILD J L. Facing up to the American dream: race, class, and the soul of the nation[M]. Princeton: Princeton University Press, 1995.

[38] HOFSTEDE G. National cultures in four dimensionsa research-based theory of cultural differences among nations[J]. International studies of management & organisations, 1983, 13（1/2）：46-74.

[39] HOLLAND D, QUINN N. Cultural models in language and thought[M]. Cambridge: Cambridge University Press, 1987.

[40] HOSKINSO C, MIRUS R. Reasons for the US dominance in international trade in television programmes[J]. Media culture & society, 1988, 10（4）：499-504.

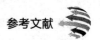

[41] HUNSTON S. Corpora in applied linguistics[M]. Cambridge: Cambridge University Press, 2002.

[42] HUNT J D. Image: a factor in tourism, unpublished doctoral dissertation[D]. Fort Collins: Colorado State University, 1971.

[43] LYNCH K. The image of the city[M]. Cambridge: The MIT Press, 1960.

[44] JANDT F E. An introduction to intercultural communication: identities in a global community[M]. Thousand Oaks: Sage Publications, 2004.

[45] JNYE J S G. The decline of America's soft power: why Washington should worry[J]. Foreign affairs, 2004, 83（3）: 16-20.

[46] KAPOOR S, COMANDENA M E. Comadena intercultural sensitivity in individualist-collectivist settings[J]. World communication, 1996（4）: 169-176.

[47] DAHLSGAARD K, PERERSON C, MARTIN E P S. Shared virtue: the convergence of valued human strengths across culture and history[J]. Review of general psychology, 2005, 9（3）: 203-213.

[48] KAVARATZIS M. From city marketing to city branding: towards a theoretical framework for developing city brands[J]. Place branding, 2004（1）: 58-73.

[49] KENT M L, TAYLOR M. Building dialogic relations through the world wide web[J]. Public relations review, 1998, 24（3）: 321-334.

[50] MCALLISTER-SPOONER S M,KENT M L. Dialogic public relations and resource dependency: New Jersey Community Colleges as models for web site effectiveness[J]. Atlantic journal of communication, 2009, 17（1/4）: 220-239.

[51] KOTLER P, HAIDER D H, REIN I. Marketing places: attracting investment, industry, and tourism to cities, states, and nations[M]. New York: The Free Press, 1993.

[52] KRAMSCH C. Language and culture[M]. Shanghai: Shanghai Foreign Language Education Press, 2000.

[53] LAYDER D. Social and personal identity: understand yourself[M]. Thousand Oaks: Sage Publications, 2004.

[54] LEVINSON S. Pragmatics[M]. Cambridge: Cambridge University Press, 1983.

[55] LOO R, SHIOMI K. A structural and cross-cultural evaluation of the inventory of cross-cultural sensitivity[J]. Journal of social behavior and personality, 1999, 14（2）: 267-278.

[56] LOTMAN J. Culture and explosion[M]. New York: Mouton de Gruyter, 2009.

[57] LOTMAN Y M. Universe of the mind: a semiotic theory of culture[M]. Bloomington: Indianan University Press, 1990.

[58] KENT M L, TAYLOR M. Building dialogic relationships through the world wide web[J].Public relations review, 1998, 24（3）: 321-334.

[59] KENT M L, TAYLOR M. Toward a dialogic theory of public relations[J]. Public relations review, 2002, 28（1）: 21-37.

[60] BUBER M. Between man and man[M]. New York: Routleclge, 2002.

[61] MARTIN J N, Nakayama T K. Intercultural communication in contexts[M]. Mountain View: Mayfield Publishing Company, 2000.

[62] MIKE Y. Theorizing culture and communication in the Asian context: an assumptive foundation[J]. Intercultural communication studies, 2002（XI-1）: 1-21.

[63] MORAWSKA E. In defense of the assimilation model[J].Journal of American ethnic history, 1994, 13（2）: 76-87..

[64] NEULIEP J W. Intercultural communication: a contextual approach[M]. Boston: Houghton Mifflin Company, 2000.

[65] NIDA E A. Languag, culture and translating[M]. Shanghai: Shanghai Foreign Language Education Press, 1999.

[66] NISHIDA H .A cognitive approach to intercultural communication based on schema theory[J]. International journal of intercultural relations, 1999, 23(5): 753-777.

[67] PADDISON R.City marketing, image reconstruction and urban regeneration[J]. Urban studies, 1993, 30（2）: 339-349.

[68] SACCO P, BLESSI G T. The social viability of culture-led urban transformation processes: evidence from the Bicocca District, Milan[J].

Urban Studies, 2009, 46（5/6）: 1115-1135.

[69] SERENA N , WARMS R L. Cultural anthropology[M]. 6th ed. Belmont: Wadsworth, 1998.

[70] SAMOVAR L A, PORTER R E. Intercultural communication: a reader [M]. Belmont: Wadsworth, 1972.

[71] SINCLAIR J. Corpus concordance collocation[M]. Oxford: Oxford University Press, 1991.

[72] SPERBER D, WILSON D. Relevance: communication & cognition[M]. Oxford: Blackwell, 1986.

[73] TING-TOOMEY S. Communicating across cultures[M]. New York: The Guilford Press, 1999.

[74] VERSCHUEREN J. Understanding pragmatics[M]. Beijing: Foreign Language Teaching and Research Press, 2000.

[75] WAITT G. Playing games with Sydney: marketing Sydney for the 2000 Olympics[J]. Urban studies, 1999, 36（7）: 1055-1077.

[76] WANTA W, GOLAN G, LEE C. Agenda setting and international news: media influence on public perceptions of foreign nations[J]. Journalism & Mass Communication quarterly, 2004, 81（2）: 364-377.

[77] HUANG Y Z, DING S. Dragon's underbelly: an analysis of China's soft power[J]. East Asia, 2006, 23（4）: 2244.

[78] YULE G, WIDDOWSON H G. Pragmatics[M]. Oxford: Oxford University Press, 1996.

[79] YULE G. Pragmatics[M]. Shanghai: Shanghai Foreign Language Education Press, 2000.

附录

附录一 杭州城市形象调查英文问卷

A survey about Hangzhou's city image

Part A General information

A1.Name: _____

A2.Gender: _____

   A.male   B.female

A3.Age: _____

   A.18~25   B.26~35   C.36~45   D.46~55

A4.Nationality: _____

A5.Educational background: _____

   A.below bachelor's degree   B.bachelor's degree   C.master's degree and above

A6.Monthly income(RMB): _____

    A. ≤ 2000   B.2000 ～ 5000   C. 5000 ～ 10 000   D. ≥ 10 000

A7.Your Chinese language proficiency: _____

    A.none   B.poor   C.fair   D.good   E.excellent

A8.How long have you stayed in Hangzhou?

    A.less than 3 months   B.3~6 months   C.6~12months   D.more than 1 year

A9.The reason I came to Hangzhou: _____

    A.study   B.travel   C.work or settle in   D.visit family members/friends

    E. (If others, please specify) _____

A10.Do you have any friends or family members in China?

    A.yes   B.no

A11.The difficulties you have encountered in Hangzhou include _____

(could be multiple choices)

    A.language barrier   B. cultural difference   C. diet   D.transportation   E.education

    F.employment   G.environment   H.(If others, please specify) _____

A12.What is your first thought when people mention Hangzhou?

    A.West Lake   B. Alibaba   C.high-speed rail   D.mobile payment   E. G20 summit

    F.Longjing tea   G.grand canal   H.Chinese foods   I. (If others, please specify) _____

A13.Hangzhou is a best city for _____

    A.travel and tourism   B.study   C.business and employment   D.living

Part B The following questions are about your personal impressions of Hangzhou city (Please tick one option for each item.)

codes	items	very poor 1	poor 2	fair 3	good 4	excellent 5	don't know 6
B1. public facilities	public transportation (transportation facilities, service, costs, etc.)						
	the infrastructure such as roads, parking spaces, public toilets, etc.						
B2. public service	basic public services, public safety services, etc.						
	foreign affairs services						
B3. leisure & entertainment	cultural facilities or activities(performances, concerts, exhibitions, museums, etc.)						
	recreational activities (cinema, KTV, bar, amusement park, etc.)						
B4. city environment	city landscaping, urban architectures, etc.						
	air quality						
	current residence (community environment, safety problems, etc.)						
B5. living & consumption	shopping experiences(convenience, costs, etc.)						
	living condition and costs						
	food in Hangzhou						
B6. cultural atmosphere and experiences	cultural atmosphere						
	technological experiences(mobile payment services,etc.)						
B7. business &employment environment	business &employment environment, preferential policies, etc.						

codes	items	very poor 1	poor 2	fair 3	good 4	excellent 5	don't know 6
B8. tourism of Hangzhou	cultural and scenic attractions						
	tourist services						
B9. urban internationalization	degree of internationalization						
	degree of modernization						
B10. people in Hangzhou	citizen's quality						
	openness and friendliness toward foreigners						
B11. overall impression about Hangzhou							

Part C Your feelings about the cultural resources in Hangzhou (Please tick one option for each item.)

codes & items	I know it very well 1	I know it well 2	I sort of know it 3	I've heard of it 4	I don't know it at all 5
C1. silk/silk culture					
C2. porcelain/porcelain culture					
C3. (Longjing)tea /tea culture					
C4. umbrella art (Hangzhou oil paper umbrella, West Lake bamboo silk umbrella)					
C5. buddhist culture and temples					
C6. Cheongsam (Qipao) art					
C7. Museums of folk craft and art					

codes & items	I know it very well 1	I know it well 2	I sort of know it 3	I've heard of it 4	I don't know it at all 5
C8. Chinese arch bridge					
C9. traditional Chinese medicine					
C10. Chinese art show					
C11. Chinese food					
C12. epigraphy and painting					
C13. grand canal and canal culture					
C14. Liangzhu culture					

C15. Which of the following options is/are most appealing/ interesting to you? (you can make1 ~ 2 choices)

A. silk/silk culture

B. porcelain/porcelain culture

C. (Longjing)tea/tea culture

D. umbrella art (Hangzhou oil paper umbrella, West Lake bamboo silk umbrella)

E. buddhist culture and temples

F. Cheongsam (Qipao) art

G. Museums of folk craft and art

H. Chinese arch bridge

I. traditional Chinese medicine

J. Chinese art show

K. Chinese food

L. epigraphy and painting

M. grand canal and canal culture

N. Liangzhu culture

O. (If others, please specify)________________________

Part D Media use and preference

D1.How did you first learn about Hangzhou?

A. newspapers/magazines/books B.TV/broadcasting

C. internet D. friends or family members

E. (If others, please specify)____________________

D2.What media did you prefer to use to get information about Hangzhou before you came to Hangzhou?

A.media in my own country

B.local media in China(Hangzhou) in our native language (such as English governmental website of Hangzhou , English newspaper or broadcasting)

C.international social media (such as YouTube and Twitter)

D.Chinese social media(such as WeChat, Sina Weibo)

E. Chinese language media

F. search engine (If others , please specify____________________)

D3. What kind of media do you prefer to choose to get to know more about Hangzhou when you are in Hangzhou?

A. media in my own country

B. local media in China(Hangzhou) in our native language (such as English governmental website of Hangzhou , English newspaper or broadcasting)

C. international social media (such as YouTube and Twitter)

D. Chinese social media(such as WeChat, Sina Weibo)

E. Chinese language media

F. search engine (If others , please specify _____)

Part E Emotional attitude towards Hangzhou

E1. I'm willing to work or settle in Hangzhou._____

A. strongly agree   B. agree   C. undecided

D. disagree   E. strongly disagree

E2. If time and money permit, I will choose to travel to Hangzhou again._____

A. strongly agree   B. agree   C. undecided

D. disagree   E. strongly disagree

E3. I am willing to recommend Hangzhou to my relatives or friends._____

A. strongly agree   B. agree   C. undecided

D. disagree   E. strongly disagree

E4. I am willing to communicate and talk with people in Hangzhou. _____

    A. strongly agree   B. agree   C. undecided

    D. disagree   E. strongly disagree

E5. I enjoyed my stay in Hangzhou. _____

    A. strongly agree   B. agree   C. undecided

    D. disagree   E. strongly disagree

附录二 访谈部分讨论材料

Part A Hangzhou's English websites(Have seen or visited please tick"√"; haven't seen or visited please mark "×".)

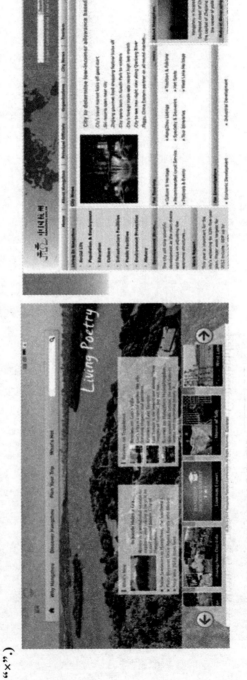

Part B Hangzhou's overseas social media account(Have seen/visited/followed please tick"√"; haven't seen/followed please mark "×".)

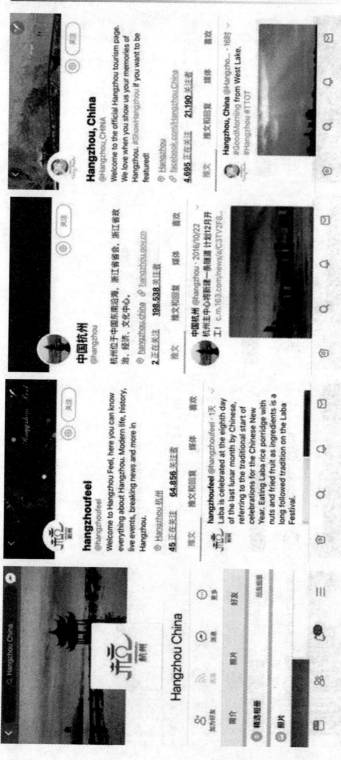

Part C Content from Hangzhou's overseas social media accounts

（1）For many people around the world, the traditional holiday meats include maybe turkey or ham or roast beef, but here in Hangzhou, it's slightly different. These delectable ducks are perfect for a family feast during the holidays, and you can find them anywhere. The flavours are varied but all are delicious and it is always a great idea to change things up a little, especially during a visit to a new city.

（2）The use of lighting by Hangzhou's city planners turn sites that are simply amazing during the day, into something other worldly after the sun sets. Temples, pavilions and pagoda's all take on the look of the buildings from dreamscapes. Places where unexpected and magical things abound. Disney has nothing on Hangzhou's magic kingdom.

续表

（3）Come to Hangzhou and see the hilarious puppet shows that have been in China for over 3000 years.

（4）Jutting out of the dark like a giant torch is the stunning Hangzhou Tower, the crown jewel of Hangzhou. All around it lies impressive structures all lit in such a fashion as to shock and delight the sense of sight. Colours abound in every place but still the focus lies with this unique structure as it lights up even the darkest of nights for miles around.

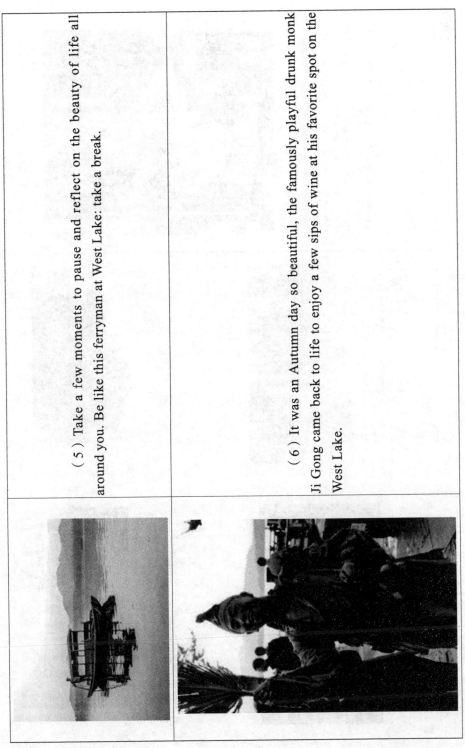

续表

（5）Take a few moments to pause and reflect on the beauty of life all around you. Be like this ferryman at West Lake: take a break.

（6）It was an Autumn day so beautiful, the famously playful drunk monk Ji Gong came back to life to enjoy a few sips of wine at his favorite spot on the West Lake.

续表

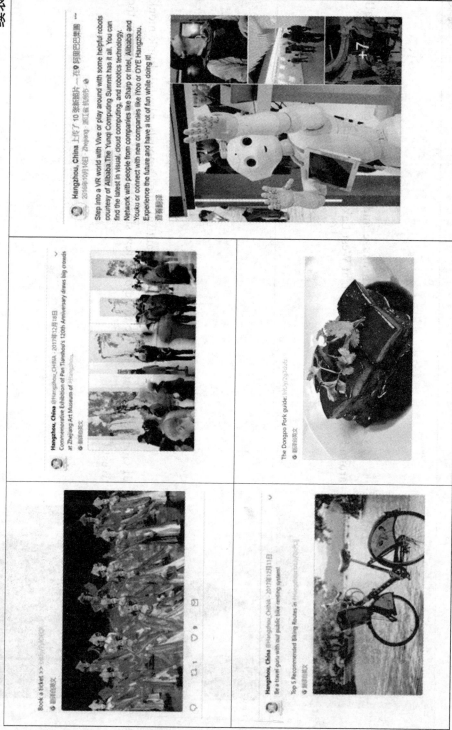